品牌强国
战略体系研究

谭新政　/著

PINPAI QIANGGUO
ZHANLUE TIXI YANJIU

人民日报出版社

图书在版编目（CIP）数据

品牌强国战略体系研究 / 谭新政著 .
－－ 北京 ：人民日报出版社，2019. 4
ISBN 978－7－5115－5983－8

Ⅰ. ①品… Ⅱ. ①谭… Ⅲ. ①品牌战略—研究—中国
Ⅳ. ① F279.23

中国版本图书馆 CIP 数据核字（2019）第 070394 号

书　　名：品牌强国战略体系研究
作　　者：谭新政

出 版 人：董　伟
责任编辑：林　薇
封面设计：春天书装
版式设计：中联学林

出版发行：人民日报出版社
社　　址：北京金台西路 2 号
邮政编码：100733
发行热线：（010）65369509　65369846　65363528　　65369512
邮购热线：（010）65369530　65363527
编辑热线：（010）65369526
网　　址：www. peopledailypress. com
经　　销：新华书店
印　　刷：三河市华东印刷有限公司

开　　本：710mm×1000mm　1/16
字　　数：180 千字
印　　张：14
印　　次：2019 年 4 月第 1 版　　2019 年 4 月第 1 次印刷

书　　号：ISBN 978－7－5115－5983－8
定　　价：50.00 元

序 言

习近平总书记指出，要"推动中国制造向中国创造转变，中国速度向中国质量转变，中国产品向中国品牌转变"。普通产品仅仅是普通消费品，而国际知名大品牌才是真正的国家经济力量。品牌力量是国家经济实力的重要指标，品牌形象是国家的亮丽名片，品牌建设关乎国家整体实力。

改革开放之后，我国经历了品牌意识的觉醒、品牌建设的提速发展、品牌力量的集中爆发三个阶段。经过30多年的品牌建设，我国品牌建设取得可喜的进步，涌现出一大批享誉全球的知名品牌。但不论是品牌数量还是品牌质量，与发达国家相比仍有明显差距。在全球品牌指数排行中，我国仅仅位列第64位。在世界品牌500强中，我国品牌数量不但比不上美国，也比不上英国、法国和日本。由此可见，我国虽然已经成为制造大国，但大而不强的特征十分明显，缺乏叫得响的国际大品牌，仍然处于全球价值链的"微笑曲线"底部，仍非品牌强国。我国的品牌建设之路还很长，任务还很艰巨。

目前我国进入社会主义建设新时期，品牌强国已经成为我国的国家战略。进入中高速发展阶段之后，结构优化和转换动力成为经济升级的关键。强化品牌建设将会为目前我国的经济转型提供强有力的动力支撑，有利于引导国家经济由粗放型向集约型转变，摆脱贴牌代工的初级盈利模式，开创节约资源和环境友好的经济发展之路。

本书梳理了我国民族品牌发展的历史，以史为鉴，才能开创新时代品牌建设的正确道路。立足于我国的具体国情，针对目前品牌建设中存在的一些典型问题，提出品牌强国的战略思路、体系和策略，通俗化地普及相关知识，以期提高公众对国家品牌建设的认知。

本书第一次提出品牌强国必须建立完整的十大体系，这十大体系是：政策导向体系，标准化制定体系，理论和教育体系，品牌管理体系，商业信誉和诚信建设体系，科学的品牌评价体系，科技创新和工匠精神融合体系，无形资产评价体系，创新和文化发展体系，国际合作与文化融合体系。

作者
2018年12月

目 录
CONTENTS

上 篇

上 篇

第一章
中国民族品牌的发展史

一、中国古代品牌发展的雏形

商周时期：是品牌发展的萌芽时期。商周时期的手工艺人在生产的商品上面刻上文字标记，这些文字标记是早期商品品牌的萌芽。

春秋战国：社会经济已经发展到了"国有六职""市有百工"的程度。商业作为独立的职业从生产劳动中分离

长沙马王堆汉墓出土的"封泥"

出来，形成了固定的商品交易场所。市场中，行商坐贾"通四方之珍异以资之"，在这些大市场可以买到"郑之刀、宋之斧、鲁之鞘、越之剑"等。随着商品交换的发展，出现了一些城市，如淄博、邯郸、洛阳等。商人最常用的广告形式是招牌和幌子。战国时期的陶器上也有印记，这些印记是我国品牌产生的雏形。河南登封古城镇发掘出土的大约春秋战国时期的陶瓷上刻有篆体的字迹"阳城"，可以被认为是我国品牌的雏形。战国时期墓葬中出土的铜器铭文中就发现有"工""顾客""冶师"等称呼，说明这时已经有了用某种名称来区别、标志各自的物品或各自生产的物品。

两汉时期：西汉时期朦胧的品牌意识深入社会生活之中，商家的品牌宣传方式是实物招牌，比方说卖灯笼的店铺就在门口挂一只灯笼。长沙马王堆一号汉墓出土的"封泥"（将货物捆扎好，在绳结上用泥封上，按上印章）正如现代的火漆印固封手续一样，上面刻有"侯家丞"字样。东汉时期在市场上流行的著名文具品牌有"张芝笔""左伯纸""韦涎墨"等。据史书《三辅决录》记载："夫工欲善其事，必先利其器，用张芝笔、左伯纸及臣墨。"

南北朝：南北朝后期的北周文物中，有以陶器工匠"郭彦"署名的"土定"（粗制陶器）。

唐朝：唐朝是我国封建社会的鼎盛时期，商业贸易异常繁荣。品牌意识在这个时期得到充分张扬。品牌宣传形式特色是叫卖、酒幌、幡旗、铭牌、挂饰、灯笼、刻碑等。出现了在商品上用店铺、作坊名称作为标记的情况。

宋朝：国家划定市场统一管理的市肆被取消，城乡市场的联系加强，市坊制度被打破。北宋时期湖州、杭州等地生产的铜镜上，就有"湖州真石家念二叔照子"和"湖州真正石念二叔照子"等印

北宋年间的铜牌，上面写着"济南刘家功夫针铺"

记，以声明自己的产品不是冒牌货。北宋时期山东济南有一个专造功夫细针的刘家针铺，其所用的"白兔品牌"基本上具备了现代品牌的全部风貌，是我国一件使用较早、设计完整的品牌标志。

明清：资本主义生产关系出现萌芽，商品经济较以前更发达，具有一定知名度和影响力的品牌开始出现。如明朝嘉靖九年（1530），京城酱菜铺的老板请当朝宰相严嵩为其品牌"六必居"题名，以此防止自家酱菜被人假冒，自此"六必居"扬名天下。这是自品牌现象出现后，我国第一个有明显品牌保护意识的"注册"防伪行为。而后，涌现了"都一处""全聚德""内联陞""桂发祥"、张小泉剪刀、王麻子剪刀、内联陞鞋店、瑞蚨祥绸布店、盛赐福帽店、狗不理包子、同仁堂药店、青岛啤酒、茅台、九芝堂药房等流传百年的老品牌。品牌宣传方式是书籍广告、木版年画、对联、雕刻等。

二、近代中国的品牌发展状况

中国近代史是一部屈辱的历史，列强入侵，签订了许多不平等条约。在列强的压力之下，清政府在光绪三十年（1904）出台《商标注册试办章程》，这是我国历史上第一部有关商标方面的法规。

这一时期，我国也涌现了许多比较知名的民族品牌。

20世纪初"美华利"创始人孙廷源的儿子孙梅堂在欧洲学习并考察钟表技术，回来后自制时钟。他网罗能工巧匠，在宁波设立时钟生产加工作坊，以手工为主，制造出第一批国产时钟，后迁址上海。"美华利"既是企业字号，又是品牌商标，喻"以欧洲之精髓，利中华之崛起""华夏得利"之意，这个名字突出了这个品牌时钟的

扩建后的"杏花楼"

特点，也透露出了孙梅堂父子对民族的热爱之心。早期的匾额"美华利"三个大字苍劲舒展，既有楷书的庄重简明，又有行书的流畅洒脱，充满力量，极大地拉近了与当时消费者的距离。而"美华利"牌商标的图形中，除了"美华利"三个外，外框还加以展开的书卷图样，与西洋钟区别开来。

"杏花楼"创于1851年，相传是由广东人"胜仔"在上海开办的，主营广东甜品和粥类，原名"探花楼"。李金海的上任为探花楼带来了重大转折，为适应商业上的交际应酬需要，增加筵席等业务，小吃店便翻建成了四层楼大饭店。为增加名气，李金海接受老顾客苏宝华先生的建议，以诗人杜牧的诗句"借问酒家何处有，牧童遥指杏花村"为据，将店名由"探花楼"改为"杏花楼"，既优雅又响亮。在清明时节盛开的杏花还能唤起在上海打拼的他乡人的思乡之情，拉近了与顾客之间的距离。从字号逐渐变成商标的"杏花楼"三个大字，既端庄凝重，又潇洒自在，这是出自清朝末代榜眼大书法家朱汝珍的手笔。自此"杏花楼"找到准确定位，它既以广东菜肴著称，又是显示身份地位的场所。

"双妹"化妆品牌。双妹是由冯福田于广东创立的广生行的第一批品牌，在20世纪初为打开销路在上海设立了发行所。从"双妹"早年的产品来看，无论是"双妹"牌商标名称，还是"双妹"牌图样，其设计均可谓独具匠心，别具一格。"双妹"与其所生产的化妆品非常贴切，"双妹"的"妹"字与"美"谐音，"双妹"即是"双美"。不同于其他产品的广告，"双妹"在海报人物的运用上将短发女性作为主角，伴随着1905年废除科举制度，实施现代教育后的第一批女学生走出校门，这些经济上独立的上海女性以干练的形象面世，冯福田选择的短发女性形象正是这些人的"缩影"，也是一种

20 世纪 30 年代"双妹"户外海报

"双妹"牌产品英文包装盒

新生活文化的象征。

"精益眼镜"。中国精益眼镜公司很早就向政府商标机关呈请商标注册，且是当时向政府呈请眼镜产品商标注册的三家企业之一。它是曾受雇于高德洋行的张士德等人不甘洋人垄断，1911年在上海创办的。以"精益"为店名，既体现眼镜行业琢玉求精的特征，又表明该店眼镜制作工艺精湛，质量上乘。宋代朱熹曰："言治骨角者，既切之而复磋之；治玉石者，既琢之而复磨之。治之已精，而益求精也。"精益的产品，以"精益"为品牌，名副其实。"精益"牌眼镜商标设计整体图案为圆形，取自早期圆形眼镜框的形状。外圆环内是"精益"牌汉字商标名称、英文公司名称和所在地"CHINESE OPTICAL COMPANY"，"SHANGHAI"。中间图案是一轮从海上冉冉升起的太阳和强烈耀眼的光芒。在光芒中，印有英文"SAVE YOUR EYES"，它在直接告诉所有使用"精益"牌眼镜的人们，通过佩戴"精益"牌眼镜，可以"拯救你们的视力""拯救你们的眼睛"。这不仅是精益眼镜公司对顾客的一种友情提示，也同样是该产品一种无形的广告。

新中国成立之前的几十年，社会动荡，经济落后。1923年北洋政府颁布了《商标法》及《商标法实施细则》，较为系统地规定了商标注册和管理方面的内容。1930年国民政府公布了《商标法》及《商标法实施细则》，并于次年1月1日起实施。鸦片战争后，民族品牌受到政治和经济上的双重压制，举步维艰。中国近代历史中第一次"抵制外货"始于1894年甲午战争。而在之后漫长的40年中，中国羸弱的外交与1915年"二十一条"的签订，将日本牢牢地钉死在中国头号敌人的位置上，使得"抵制日货"成为一种顺应潮流民意的常态行为。直到第一次世界大战前，中国民族品牌才得到一次

民国时期的国货户外广告牌

发展的机遇。内战爆发后，为挽救濒临灭绝的中国品牌，国货机制工厂联合会曾发起"用国货最光荣"的保护运动。而在各种学生运动的浪潮中，也常常会有"爱用国货，抵制美货"的口号。品牌第一次与中国的政治命运结合在一起，并正式成为社会生活和国力象征的一部分。

这一时期，比较有名气的品牌有"美丽牌"香烟、"三星牌"牙膏、"金钱牌"热水壶等。1912年4月，在上海北四川路（今四川北路）横浜桥士庆路（今海伦西路）的一个小屋内，陈万运、沈九成、沈启涌三人集资合伙创办了"三友实业社"。三友实业社生产的"三角"牌毛巾，由于质量高，不久便在市场上打开了销路。又针对日本毛巾花色单调、洁白度不足的缺陷，技术人员采取有效措施，革新漂白工艺。接着，三友社继续开展毛巾花式的研究，他们把原来生产多年、式样单调的红蓝档式毛巾进行改进，用鲜红色在雪白平布上印上"祝君早安"字样，还为大客户免费加印字号。此举开创了定制服务的先河。此后，三友实业社又研究生产了新颖别致的多片综织造的回纹浴巾。"三角"牌毛巾逐渐成为国内毛巾市场上的主角。正是这一"三角"牌毛巾，打破了日本企业一度对中国毛巾市场的垄断。

"司麦脱"衬衫。怀着改变我国衬衫业落后面貌的民族情结，上海知名实业家、制作内衣的高级技师傅良骏等三人，于1933年创办了上海新光衬衫标准内衣制造厂。"新光"品牌名寓意"新的前途，光芒灿烂"。当时该厂同时出产"新光"牌和"标准"牌衬衫。"标准"牌衬衫在当时的南京路大新公司（现在第一百货公司）设立品牌专柜，成为当时在终端营销方面的一大创举。到了20世纪40年代初，他们向国内衬衫市场推出"科学软硬领"的衬衫新品。其中，

"新光"给最优等级的衬衫特地取了个英文名"Smart"（直译为"司麦脱"），含有"潇洒""轻快""时髦"之意。由于这款高档衬衫设计合理、制作精良、价格公道，一上市立刻引起广大消费者尤其是大城市中高阶层人士的青睐。据记载，1948年3月，新光厂的职工人数占国内衬衫行业职工总人数的60%，缝纫机台数占35%，月衬衫产量占48%，资本总额占92%，处于全国衬衫领先地位。新光厂成为全国衬衫行业的"领袖工厂"，司麦脱品牌被称为"中国衬衫之父"。

"回力"球鞋。1935年4月4日，上海正泰公司正式注册了中文"回力"和英文"Warrior"品牌。回力商标的创意源于英文"warrior"意为战士、勇士、斗士，由此将"warrior"谐音得来"回力"中文商标名，而"回力"寓含"回天之力"，喻指"能战胜困难的巨大力量"。1948年，"全运会"在上海江湾体育场举行期间，"回力"品牌被进一步宣传。正泰橡胶厂精心设计并密切联络体育界、新闻界人士配合宣传。运动场内设置醒目的大型广告牌，借以吸引观众，特别是青年学生。

欧美商人带来了与中国传统生意人非常不同的生意模式，他们在报纸、杂志、路牌、橱窗、霓虹灯上做广告。中国企业学习到了这种新型营销方式。1926年，上海首次出现的霓虹灯广告，是当时的美国品牌"皇家"打字机。1927年上海湖北路旧中央大旅社门前安装了第一块霓虹灯招牌"中央大旅社"。随后车身广告、小册子广告、样品等品牌营销手段也出现了。

三、计划经济时代的品牌发展

1950年颁布《商标注册暂行条例》，中央人民政府政务院财政经济委员会颁布《商标注册暂行条例实施细则》，这是新中国的第一部商标法规。1954年，颁布《未注册商标暂行管理办法》，规定一切国营、公私合营、合作社和私营大中企业使用商标必须注册，对中小企业的商标实行地方登记备案制。1963年，国务院颁布《商标管理条例》。尽管《商标管理条例》引导企业去认识商标的内涵与用处，但计划经济体制下，企业没有商标的概念，更没有品牌的意识。例如，一汽的"解放"牌汽车，这一品牌连最起码的"商标注册"工作都没有进行。

这一时期的品牌发展分为两个阶段：第一阶段为1949年至1966年，品牌发展处于停滞、调整与改造时期；第二阶段为1966年至1976年，品牌发展遭遇厄运。

1949—1966年，中国经济经历了多年战争和动荡，急需恢复。国家开始实行计划经济体制，生活品实施配给制。在物资极度匮乏的环境下，人们能买到需要的产品已属不易，自然也就不太关心品牌，企业不担心产品卖不出去。随着部分民族资本家及其公司迁移到香港，很多近现代的知名品牌也随之移出中国大陆，名牌数量锐减。留在大陆的企业公私合营，纳入国家计划经济体制。此时，品牌失去了自由竞争市场环境下的活力。

20世纪五六十年代的品牌有："上海"牌A581手表、"凤凰"牌自行车、"蝴蝶"牌缝纫机，连同"海鸥"牌照相机被称为"三转一响带咔嚓"，是那个年代较富裕家庭追求的目标。另外还有一些品牌，如"红旗"牌轿车、"红灯"牌收音机、"红心"牌电熨斗、"东方红"牌手表、"永久"牌自行车、"解放"牌卡车、"东风"牌小轿车、"幸福"牌摩托车等。

四、改革开放后品牌发展驶上快车道

1982年，全国人大常委会通过了《中华人民共和国商标法》。1993年，对商标法进行修改并重新公布，从而使商标制度在中国逐步走上正轨，品牌的注册和管理也日臻完善。

1978—1984年，品牌意识觉醒期。外国品牌进入中国市场，显然带给了中国企业耳目一新的营销方式，也显现出品牌对于市场的号召力。中国企业界意识到品牌和商标的价值，于是，企业纷纷重新审视自己的品牌与商标名，结果发现，自己的牌子很多已在国外被注册，现在要重新使用自己的商标，反倒要缴纳商标使用费。

1984—1991年，中国现代品牌的孕育期。1984年堪称"中国现代品牌元年"。1984年之前，中国企业的品牌觉醒表现在外资品牌进入中国市场带来的现代营销方式引起中国企业对商标和品牌的重视。1984年之后，中国自主品牌纷纷诞生。当今很多赫赫有名的中国品牌均在这一年（如海尔、联想等）或随后（如华为等）创立。许多品牌开创了富有中国自身特色的现代营销方式。如健力宝开创了体育营销先河；海尔砸冰箱事件堪称早期的中国品牌故事；广东太阳神最早导入 CI 系统。广告对品牌知名度和销售的作用充分显现。例如，江苏盐城的燕舞牌收录机用一曲"燕舞，燕舞，一曲歌来一片情"唱遍大江南北，从细数产品特点，到产品性能在广告中脱颖而出。"威力洗衣机，献给母亲的爱"，广告将亲情表现得淋漓尽致，亲情味十足。南方黑芝麻糊的"一股浓香，一缕温暖"广告则唯美、怀旧，勾起人们的乡愁。名人代言广告开始出现，1988年潘虹为上海日化厂"霞飞"金牌特日蜜拍摄了一条广告，1990年李默然拍摄了一条"三九胃泰"广告。此后，名人广告一发不可收拾，

燕舞牌收录机广告

如广东的万家乐和神州热水器。

1992年邓小平南方谈话之后，中国加大了经济发展和改革开放的力度，确立了社会主义市场经济体制。中国品牌迎来大发展，全国性制造商品牌大规模涌现，本土品牌之间、本土品牌与外国品牌的竞争日益激烈。

扶持名牌成为政府重要的经济战略。1992年，中国新闻界和国家主管部门联合评选出十大驰名商标，社会舆论开始关注和重视名牌，如孔府宴酒斥巨资拿下央视标王后声名大噪。但是不少企业也养成了"一夜成名"的浮躁之风。企业并非通过"质量"，而是通过"造名""造势"等"一夜成名"的短视行为来打造名牌。如秦池与另外取得中标的其他品牌之间就形成不公平竞争。大量国际品牌进入中国市场，合资使很多优秀的民族品牌消失，也诱发了企业的民族情绪。

20世纪90年代前期是中国政府引进外资的第一个高峰期。各地政府为了吸引外资，让本地区优秀的品牌与外企合资，但合资后，外方采取了"雪藏"本土品牌的方式。1995年以后，全国多个行业的制造商品牌开展了激烈竞争。国产品牌之间在经历CI热、广告热之后，又打起了价格战。

对外开放以来，中国企业参与国际市场的方式主要是来料加工及出口贸易，自主品牌在国际市场的曝光机会很少。但从20世纪末开始，中国企业以自主品牌方式试水"海外市场"。2001年中国加入WTO，中国自主品牌参与国际市场的活动明显增多，主要方式有，通过广告与赞助等商业活动增加中国品牌的国际曝光率；跨国并购是中国品牌参与国际市场的又一重要方式。

1993年之后开始大规模引进外资品牌。那时，国际品牌在中国备受推崇，消费者将外资品牌视为高品质和身份的象征。但2003年之后，外资品牌慢慢回归到与国产品牌同等待遇的"新常态"。这源于两方面的因素：其一，外资品牌的质量事故频发，信誉遭受质疑；其二，取消对外资品牌的超国民待遇，使外资品牌过渡到"新常态"。

中国互联网品牌从诞生、跌入低谷，再到发展、壮大，成为整个经济领域的领导品牌，总共十余年。1997年6月网易公司成立，2004年淘宝创办，全球最大同行eBay易趣随后退出中国市场，2005年8月5日百度在美国纳斯达克上市；2007年11月6日，阿里巴巴电子商务项目在港上市，当日市值达到1996亿港元，创造了互联网市值神话。2014年5月和9月，京东和阿里巴巴分别在纳斯达克上市。

2011年国家标准委发布了我国第一部品牌标准《商业企业品牌评价与企业文化建设指南》，本标准历时近10年才出台，第一次提出了品牌的定义："商品和服务的能力、品质、价值、声誉、影响和企业文化等要素共同形成的综合形象，通过名称、标识、形象设计等相关的管理和活动的体现。"2012年起，国家标准委陆续发布了《品牌评价多周期超额收益法》《品牌评价品牌价值评价要求》等22部有关品牌标准。

2014年国家认监委批准北京五洲天宇认证中心依据首部品牌国家标准，开展第三方认证，几年来，已有五粮液、中国南车、中国盐业、德力西等400多家大中型企业通过了认证。

2016年国务院发出44号文件《关于发挥品牌引领作用推动供需结构升级的意见》，原质检总局、工商总局、工业和信息部、农业部等部委也相继发出了关于加快品牌建设的文件。

2017年国务院批复国家发改委，将每年5月10日设为中国品牌日，这标志着中国品牌发展进入新时代。习近平总书记提出的"三个转变"为品牌发展工作指明了方向，奔向小康社会和社会主义现代化强国的中国人民，对美好生活需求的向往呼唤更多自主品牌，日渐强大的中国经济为品牌发展创造了有利条件，初步形成的品牌发展社会共识为品牌建设提供了强大动力。我们相信，在以习近平同志为核心的党中央坚强领导下，必将有越来越多的自主品牌在国际市场竞争中发展壮大，不断提高中国自主品牌的形象和影响力，为推动品牌强国建设，促进经济高质量发展，进而夺取新时代中国特色社会主义伟大胜利，实现"两个一百年"奋斗目标和中华民族伟大复兴的中国梦奠定更加坚实的基础。

五、现代民族品牌的萌芽

品牌一词是个经济学概念，也是文化概念。中国是具有五千年历史的文明古国，创造了无数的文化品牌。就经济领域而言，虽然中国有许多享誉中外的老字号，但总体来讲品牌发展远远比不上西方发达国家。改革开放以后，中国经济迅速发展，品牌意识苏醒，品牌建设日新月异。时至今日，中国品牌已经走出国门，唱响全球，而且仍在快速发展之中。

数百年来，中国积贫积弱，社会动荡，经济落后，不论政治还是经济都受制于西方发达国家，中国民族品牌没有萌生的土壤，没有发展的机会。纵观历史，民族品牌的命运与民族的命运休戚相关，与经济发展程度密切相关。十一届三中全会是中国经济发展的分水岭，也是中国品牌发展的分水岭，改革开放为中国民族品牌的发展吹响了号角。励精图治40年，如今中国已经成为全球第二大经济体，迎来了中国民族品牌大发展的新时代。

商标是品牌构成的关键要素，广告是品牌塑造的重要手段。1979年到1984年这一阶段是我国品牌萌芽的阶段，在这期间，我国商标核准注册量累计达到10.5万件，增长迅速，各种形式的广告也开始全面兴起。

十一届三中全会之后，在邓小平倡导下，我国结束了政治挂帅的国家战略，集中全部精力和力量发展经济，经济建设成为国家的工作重心，我国经济由此步入大发展时代。改革开放的核心是大力发展经济，逐步收缩计划经济而导入市场机制。随着市场机制的导入，人们逐渐有了竞争意识，在竞争的过程中又逐渐有了品牌意识。这个时期各种广告开始大行其道，国家恢复了商标制，人们开始认识和理解品牌的含义和市场价值。因此说，品牌意识是在市场竞争中产生并强化的。

企业的市场意识觉醒之后，品牌意识的萌芽成为自然而然的事情。很多企业开始思考如何差异化发展，如何让更多的人知道并用上自己企业的产品。如在1982年，杭州牙膏厂开发生产出有益于儿童护齿的"小白兔儿童牙膏"，通过各种促销手段，产品迅速从浙江省向全国扩张，很快成为当时的知名品牌。

《天津日报》率先在1979年1月4日恢复了商业性广告，刊登了天津牙膏厂的"蓝天"牙膏广告，成为"文革"后大陆第一个报纸广告。

1978年12月4日，《人民日报》刊登了《恢复商标维护名牌信誉》的文章。最先恢复商标的是中国老字号企业，如全聚德、吴裕泰、内联升等，1980年当年商标申请数量达到2万多件。1983年，政府

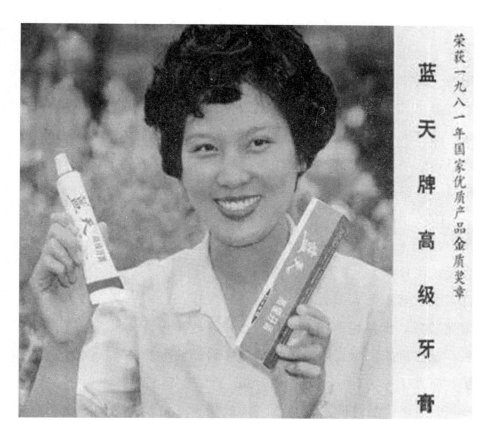

蓝天牌牙膏广告

制定了改革开放后的第一部《商标法》，标志着我国品牌发展进入新阶段。

令人唏嘘的是当很多中国企业开始恢复商标的时候，才发现很多牌子已经在国外被注册，重新使用自己的商标反而要缴纳商标使用费。天津鹦鹉牌手风琴是当时中国家喻户晓的名牌产品，然而这家开办了几十年的老企业竟然从未为自己的商品申请注册过商标，在产品打入日本之后，被日商抢先注册，造成鹦鹉牌手风琴若再销往日本必须支付日商15%的销售费的被动局面。最后厂家只好忍痛割爱，将鹦鹉牌改为蜻蜓牌。

1979年6月25日，作为改革开放之后国家首批扩权试点企业四川宁江机床厂把一则向国内外订货的商业广告登在了中共中央机关报《人民日报》上："承接国内外用户直接订货，承接按用户加工零件需要代客进行调整设计，配备各种专用凸轮、道具、弹簧夹头、附属装置。承接短期代培操作、维修、调整设计技术。"广告登出后，宁江机床厂收到订货合同1100多台，其中外商200多台，实现了"原先任务吃不饱，现在任务吃不了"的营销目的。

中国现代品牌的发展与改革开放从一开始就紧紧绑定在一起。改革开放使广告得以正名，商标得以恢复，品牌自此开始萌芽。广告、商标以及品牌在当时引起的争议和讨论非常多，从某种意义上说，品牌发展就是改革开放历程的象征，品牌概念的出现标志着中国正在发生巨变。

六、品牌文化内涵及打造

品牌文化是品牌的拥有者、购买者、使用者或追随者之间共同拥有的，与此品牌相关的独特信念、价值观、仪式、规范和传统的综合体。品牌文化也指通过赋予品牌深刻而丰富的文化内涵，建立鲜明的品牌定位，并充分利用各种强有效的内外部传播途径形成消费者对品牌在精神上的高度认同，创造品牌信仰，最终形成强烈的品牌忠诚。品牌文化是基于某一品牌对社会成员的影响、聚合而产生的亚文化现象。拥有品牌忠诚就可以赢得顾客忠诚，赢得稳定的市场，增强企业竞争能力，为品牌战略的成功实施提供强有力的保障。

品牌力要依托于品牌文化，而品牌文化则是品牌经营中逐步形成的，代表企业和消费者的利益认知、情感归属，是品牌与传统文化以及企业个性形象的总和。与企业文化的内部凝聚作用不同，品牌文化突出了企业外在的宣传、整合优势，将企业品牌理念有效地传递给消费者，进而占领消费者的心智。品牌文化代表着品牌自身的价值观，是一种能反映消费者对其在精神上产生认同和共鸣并使之持久信仰该品牌的理念追求，进而形成强烈的品牌忠诚度的文化。

品牌文化的核心是文化内涵，是其蕴含的深刻价值内涵和情感内涵，也即品牌所凝练的价值观念、生活态度、审美情趣、个性修养、时尚品位、情感诉求等精神象征。品牌文化的塑造通过创造产品的物质效用与品牌精神高度统一的完美境界，能超越时空的限制带给消费者更多的高层次的满足、心灵的慰藉和精神的寄托，在消费者心灵深处形成潜在的文化认同和情感眷恋。消费者所钟情的品牌作为一种商品的标志除了代表商品的质量、性能及独特的市场定位之外，更代表他们自己的价值观、个性、品位、格调、生活方式和消费模式；他们所购买的产品也不只是一个简单的物品，而是一种与众不同的体验和特定的表现自我、实现自我价值的道具；他们认牌购买某种商品也不是单纯的购买行为，而是对品牌所能够带来的文化价值的心理利益的追逐和个人情感的释放。因此，他们对自己喜爱的品牌形成强烈的信赖感和依赖感，融合了许多美好联想和记忆，他们对品牌的选择和忠诚不是建立在直接的产品利益上，而是建立在品牌深刻的文化内涵和精神内涵上，维系他们与品牌长期联系的是独特的品牌形象和情感因素。这样的顾客很难发生"品牌转换"，毫无疑问是企业的高质量、高创利的忠诚顾客，是企业财富的不竭源泉。

品牌就像一面高高飘扬的旗帜，品牌文化代表着一种价值观，一种品位，一种格调，一种时尚，一种生活方式，它的独特魅力就在于它不仅仅提供给顾客某种效用，而且帮助顾客去寻找心灵的归属，放飞人生的梦想，实现他们的追求。优秀的品牌文化是民族文化精神的高度提炼和人类美好价值观念的共同升华，凝结着时代文明发展的精髓，渗透着对亲情、友情、爱情和真情的深情赞颂，倡导健康向上、奋发有为的人生信条。优秀的品牌文化可以生生不息，经久不衰，引领时代的消费潮流，改变亿万人的生活方式，甚至塑造几代人的价值观。优秀的品牌文化可以以其独特的个性和风采，超越民族，超越国界，超越意识，使品牌深入人心，吸引不同国家人民共同向往、共同消费。

优秀的品牌文化可以赋予品牌强大的生命力和非凡的扩张能力，充分利用品牌的美誉度和知名度进行品牌延伸，可以进一步提高品牌的号召力和竞争力。最为重要的是，优秀的品牌文化还可以使消费者对其产品的消费成为一种文化的自觉，成为生活中不可或缺的内容。

品牌文化是与民族传统文化紧紧联系在一起的。将优秀的民族传统文化融入品牌文化，更易让大众产生共鸣。我国的民族传统文化注重家庭观念，讲究尊师敬老抚幼孝亲，强调礼义道德、沦理等级、中庸仁爱，追求圆满完美，崇尚含蓄、温和和秩序等。如台湾某品牌水饺的广告文案是："古都北京，最为人所称道、怀念的，除了天坛、圆明园外，就该是那操一口标准京片子的人情味和那热腾腾、皮薄馅多汁鲜、象征团圆的水饺儿。今天，在宝岛台湾，怀念北京，憧憬老风味，只有北方水饺最能令你回味十足，十足回味。"将独特的民族传统文化融入品牌文化中，与传统文化中亲人团聚等情结连在一起，打动消费者。

在品牌文化中继承民族传统文化既要符合民族的审美情趣，也要考虑到民族的接受心理，同时要重实质，如果过分追求缺乏内涵的形式，只会适得其反。一种品牌文化应为绝大多数目标消费者所认同或追求，应尽可能与其生活相接近，甚至就是其生活的一部分。

七、我国第一部商标法

在现代法治社会中，商标具有专享权利，国家法律保护商标专用权，套用或者盗用别人的商标属于违法行为。我国第一部商标法颁发于清朝末年，1904年，清政府颁布《商标注册试办章程》。之所以颁发这部商标法，并非是中国经济发展的必然，而是在西方势力的压力下产生的，是被迫制定的。

中国经历了两次鸦片战争，西方国家用武力强行打开了中国的大门，它们为了掠夺中国的经济资源和社会财富，迫使清政府签订了许多不平等条约。自此以后，中国有了通商口岸，有了所谓的租

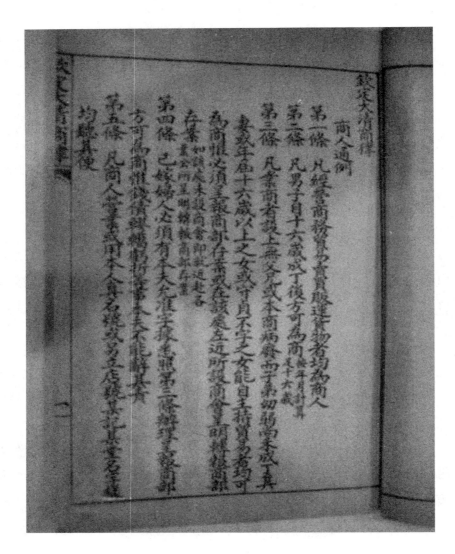

钦定大清商律

商人通例

第一条　凡经营商务贩卖货物者均为商人

第二条　凡男子自十六岁以上（原注：足年满十六岁）方可为商人

第三条　凡业商者设上无父兄又本商病故西子某初场商业或下其妻或至届十六岁以上之女或守贞不字之女能自主措置易者场可为商惟必须呈报商业行业或在就近所设商会呈明挂号部存案（原注：如领人未领商者即呈退赶子某会所亲明领挂号部）

第四条　已嫁妇人必须有夫大允准主张毛眼第二条办理方报商部

第五条　凡商人会置产或同夫人借名施放并于戔其非商业者均听其便

光绪钦定大清商律

界，西方列强享有各种特权。列强为了保护自己的利益，顺利抢占中国的市场，攫取商业利润，遂要求清政府制定法律保护它们的商标。于是在1903年，清政府按照光绪皇帝的要求"参酌各国法律，悉心考订，妥为议"，专门设立了商部，陆续制定了各种法规，如《商人通例》《公司律》《破产律》等。在制定商标法的过程中，西方各国列强提出了一些有利于自己的要求，如英国人赫德提出14条商标法规等，但清朝商部也予以反击，认为"保护商标一事，原系商律中之一门""办理商标，本是内务"。清朝商部对于四方列强的用心洞若观火，奋力抗争，确保对于商品商标的管理权。"惟注册商品，同为行销中国之货物，华洋商标注册公费及保护之法，自应无分轩轾。"经过一年时间的准备，"采择各国通例，参协中外之宜，酌量添改"，我国第一部商标法于1904年8月4日颁布实施，包括《商标注册试办章程》28条及《商标注册细目》23条。

这即是我国第一部商标法规。清朝末年，清政府昏庸无道，闭关锁国，社会动荡，经济落后，军事衰弱。按照我国当时的经济状况，根本没有产生商标法的社会经济基础，完全是西方列强为了自己的利益，强行要求清政府制定法规保护它们的经济利益。

共产党领导的新中国第一部商标法在新中国成立之前就已经颁发。1949年6月，华北人民政府在成立不久就颁布了《华北区商标注册办法》和《施行细则》。新中国成立之后的第一个国庆日，《商标公报》出版并全文刊登了1950年7月28日中央人民政府政务院颁布的新中国第一个商标法规《商标注册暂行条例》，同时颁布了新中国成立之后的第一批合法的注册商标。

1963年4月10日，国务院又颁布《商标管理条例》。1982年8月23日，颁发《中华人民共和国商标法》。2013年8月30日，十二届全国人大常委会第4次会议通过《关于修改〈中华人民共和国商标法〉的决定》。该《商标法》分总则、商标注册的申请、商标注册的审查和核准、注册商标的续展变更转让和使用许可、注册商标的无效宣告、商标使用的管理、注册商标专用权的保护，附则73条。

以上是我国第一部商标法产生的历史背景，以及新中国成立后商标法不断沿革的情况。目前我国商标法比较符合当前经济发展的实际，为我国建设现代化的商业经济体系发挥着重要的保障作用。

八、我国第一部品牌标准

为什么我们必须制定自己的品牌标准？随着经济的不断发展，品牌逐渐成为参与市场竞争的核心因素。尤其是加入WTO后，国内市场向外国企业开放，大批国际知名品牌涌入中国，国内企业竞争逐渐国际化。为了提升国内企业参与国际市场的竞争力，解决品牌建设与企业经营管理脱节问题，更为了提升自主品牌的国际影响力，制定我国自己的品牌标准成为亟须解决的重要环节。品牌标准便于企业管理者把准企业管理的脉搏，有的放矢搞好自主品牌塑造，引导企业文化建设方向，增强企业的市场竞争力。

在这种形势下，我国的品牌标准应运而生。笔者经过8年多奔走呼吁，国家标准化管理委员会终于在2009年7月23日下达了第一批国家标准制订修订计划的通知，由中国商业联合会组织起草《商业企业品牌评价与企业文化建设指南》。在品牌标准的制订过程中，由中国商业联合会零供委和北京五洲天宇认证中心牵头，与相关院校、行业协会、代表企业合作，多方征求意见和建议，反复进行推敲，多次修改。历时两年时间，最终在2011年12月，我国首部品牌国家标准正式颁布，并于2012年2月1日起正式实施。这是中国第一部企业品牌建设评价标准，企业品牌建设已上升到了国家战略层面，用统一的标准来规范企业品牌建设，为企业提供了品牌和企业文化建设的指导文件，为国家相关管理部门提供了权威的评价工具，实现了企业品牌建设、企业文化建设、企业经营管理、企业发展战略规划与社会和谐发展的有机统一。

《商业企业品牌评价与企业文化建设指南》共有两部分内容。第一部分是商业企业品牌进行评价时应遵照的原则、指标和方法，第二部分对企业文化建设提出了方向指南。标准的核心内容是"商业企业品牌评价"，从品牌品质、声誉、文化、社会责任、影响力以及基础条件等方面规定了企业品牌评价的条款。其中，企业文化建设也是标准关注的核心问题之一。由于企业文化与企业品牌在内容上存在一定的交叉和重叠，两者之间的关系在学术上存在不同观点。因此标准在制订过程中经过多次讨论，认为企业文化应该作为企业品牌的一部分进行评价，而不是分别对二者进行评价，以保持内容和体例上的一致性，从而更具可操作性。

从标准内容来看，有四方面的创新：一是首次在国家标准中对企业品牌进行了定义；二是首次定义了什么是企业文化；三是提出品牌建设能力评价方式；四是把企业品牌水平按照获得的分值划分为四个等级。总而言之，我国第一部品牌评价国家标准出台，具有重要的现实意义和深远的历史意义。

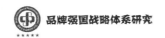

九、国家加强对知名品牌的保护

我国自实行改革开放以来，经济得到全面快速发展，人们的品牌意识不断增强，国家也加强了对自主知名品牌的保护力度。保护品牌首先需要客观了解和认识我国的品牌现状，如此才能产生时代紧迫感，激发品牌保护意识和责任感，制定出切合实际的有效保护措施。

虽然我国已经成为品牌大国，但并不是品牌强国，与一些发达国家相比，我们的品牌发展仍然在路上，仍然存在明显差距。一是我国享誉全球的著名品牌仍然不多，据2015年的世界品牌500强排行榜显示，我国仅有51个品牌位列其中，占比很小；二是即便有一定知名度的品牌，但创造效益的能力仍然不强，据世界知识产权组织2014年统计，每千亿美元GDP的经济效益，在美国由2175件商标创造出来，而在我国由1.2071万件商标创造；三是品牌的国际化程度还不高，换句话讲就是品牌走出去的能力不强，数量少，都是在国内打转转。目前我国的商标申请量虽然位居世界第一，但走向国外寻求商标保护的品牌数量比例并不大。真正强大的品牌不仅仅在国内具有影响力，而是要走向国际经受检验。

政府的决心和法规措施是民族品牌保护的根本保障，对于民族品牌保护工作具有决定性作用。品牌工作的切入点是商标工作，我国政府十分重视商标工作，大力推进品牌服务社会化，提升商标品牌服务机构服务水平，已经形成一批商标品牌服务业集聚区。为了推进我国的商标工作，原国家工商行政管理总局发力解决商标注册便利化，提升商标注册服务水平，拓宽商标申请渠道，增设地方商标受理处，加大对于知名品牌在商标确权程序中的保护力度，以诚实信用为原则完善确权机制，从严从快审理大规模恶意抢注商标案件。

对于民族品牌保护的重要性，各级政府已达成共识，但对于如何保护民族品牌的看法和做法则不尽相同。有的地方政府出于狭隘的地域经济观念，把民族品牌当作地方经济的摇钱树，对于本地品牌过度保护，结果妨碍了企业的发展，导致品牌变质退化。还有的地方政府则完全放任不管，缺乏正确的保护思路和办法，结果导致民族品牌生存环境恶化。作为政府，需要为民族品牌提供良好的市场环境，提供公平的竞争环境，改善企业融资环境，建立健全民族品牌管理制度，在外资并购过程中要加强审核管理，对于维护民族品牌的事件人要严格予以惩治，保证民族品牌能够健康发展。

民族品牌的保护不仅要靠政府，更要靠全民品牌意识的觉醒，需要企业和消费者齐心协力，只有三管齐下，才能真正保护好我们的民族品牌，巩固好民族品牌这个国家经济发展的命根子。

作为企业，积极维护民族品牌是事关自身，也是事关国家的大事，是企业应尽的分内之事。综观我国的一些民族品牌消失或丢失现象，不难发现大致有两大原因：一是企业自身发生了致命的情况，危机公关不利，最终彻底摧毁了好不容易建立起来的品牌形象，轰然倒下；二是企业经营不善，在没有其他出路的情况下，不得不将品牌抛售给别人，也就是说被别的企业吃掉了。出现这两种情况的根源是企业经营管理不善。企业价值观是决定企业品牌命运的关键因素，一旦企业的价值观出了问题，那么走下坡路甚至消亡就成为必然。作为民族品牌企业，要坚持正确的企业价值观不动摇，诚实守信，不断创新经营模式和产品，顺应市场需求，为消费者提供优质服务，只有这样，才能不断强化品牌形象。

【本章小结】

作为普通消费者，对于民族品牌保护也有责任和义务。要积极支持和购买民族产品，不要崇洋媚外，通过自己的购买行为为民族企业提供资金支持。这里需要特别指出的是，作为企业一定要争气，拿出最好的产品和服务来回报消费者。而对于那些不思进取的品牌，消费者则完全有理由远离和放弃。

第二章
当前中国品牌发展现状

一、国际品牌发展现状

所谓国际品牌，主要是西方国家在资本主义市场经济形成之后，品牌意识加强，逐渐发展起来。随着西方国家经济实力的增长，相应的品牌也在国际上形成了知名效应，尤其是错综复杂的20世纪，历经两次世界大战的战火洗礼，美国和欧洲经济很快复苏，品牌也随之进入国际视野，形成一系列的国际化品牌。

新中国成立之后，在计划经济主导下，产品品牌意识淡化。20世纪80年代以来，随着市场经济的逐渐加强，产品品牌开始通过广播电视网络进入人们的视野。

中国品牌属于自主品牌，基本都是中国企业的原创，产权归属本企业。随着中国经济的发展，中国品牌正在国际品牌中显示出巨大的魅力。2018年，世界品牌实验室发布的《世界品牌500强》报

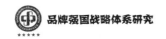

告显示，美国以126个品牌入选占据首位，中国有120个品牌入选，位居第二。

在世界品牌与世界强企的对比中，不难看出中国经济的快速增长，但实力方面还有差距，需要不断努力。

二、中国品牌八大形态

中国品牌的现状是八大形态、七大乱象。

八大形态具体表现为：

1. 政府主导

自国务院2016（44号）文件下发以来，各级政府采取措施，从不同方位，多角度推动中国品牌建设。2017年，国务院发文，规定每年5月10日为"中国品牌日"。2018年，在第二个"中国品牌日"期间，由国家发展和改革委员会、中共中央宣传部、工业和信息化部、农业农村部、商务部、国家市场监管总局、国家知识产权局、上海市人民政府联合主办了"中国自主品牌博览会暨中国国际品牌论坛"，各省市自治区政府组团到上海参展，参加高层次、高规格的论坛。

上海市委、市政府主导，成立了"上海品牌论坛认证联盟"，在全市开展第三方"上海制造，上海购物，上海文化，上海服务"四大品牌认证。

2. 社会组织积极行动

各地协会、学会、民办组织等，积极参与品牌标准制定及品牌评价等活动。

中国商业联合会是我国第一部国家标准《商业企业品牌评价与

2018 年中国自主品牌博览会

企业文化建设指南》的归口单位，自2011年标准颁布以来，每年开展不同形式的宣传活动，从理论、定义、建设、评价等方面向广大企业宣传，收到了显著效果。

中国品牌建设促进会虽然成立时间不长，但作为专业协会，在标准制定方面做了大量工作，一些标准填补了国际国内空白。

品牌中国战略规划院作为新成立不久的非民机构，在品牌战略规划、学术研究等方面做出了成绩。地方协会如广东品牌建设促进会、重庆品牌学会、黑龙江品牌促进会等纷纷行动，在当地品牌建设中发挥了积极作用。

3. 第三方品牌认证

依据《中华人民共和国标准化法》，通过"管理体系、服务、产品"认证的，可以按规定印在企业产品包装上。

由中国国家认证监督管理委员会批准的认证机构及认证领域属于合法，凡未经批准境内外机构开展的认证均为非法，并将取缔。

2014年，国家认证监督管理委员会首次批准北京五洲天宇认证中心依据《商业企业品牌评价与企业文化建设指南》开展品牌认证，该认证分"二星、三星、四星、五星"。从此，我国有了品牌第三方认证。到目前为止，已有五粮液、江铃、德力西、中盐、中联重科等400多家大中型企业通过认证。

目前，国家正大力推动服务认证，已批准了多家认证机构开展"无形资产"认证。

4. 媒体积极呼吁

电视、广播、报纸、杂志等各种媒体纷纷利用自己的宣传阵地，通过新闻、专题、专刊、直播等方式，大力宣传品牌强国战略方针，宣传相关品牌标准，传播企业品牌故事。

中央电视台为了宣传首部品牌国家标准《商业企业品牌评价与企业家文化指南》，曾先后三次在一套、四套新闻节目中播出专题，在全国引起极大反响。近年来，又启动了 CCTV 品牌计划，每天播送大中型企业的产品及品牌故事。

作为国家通讯社的新华社，具有强大的新闻影响力和公信力。从 2017 年开始，该社启动了"新华社民族品牌工程"行动，到 2018 年 12 月，已有 30 多家大型企业加入该活动，这些企业每年创造的 GDP 总和，约占全国 GDP 总量的八分之一。新华社对加入民族品牌行动的企业，不仅利用《参考消息》《中国名牌》、新华网、《经济参考报》《中国证券报》等媒体组合宣传企业，而且还联合高铁、航空等广告媒体为企业服务。

2018 年 12 月 10 日，新华社成立了由国内 10 位顶级品牌专家组成的"民族品牌专家咨询组"，根据企业需要对其开展服务。

《企业家日报》开辟了"中国品牌"周刊，每周用 4 版至 8 版宣传品牌理论、品牌故事、品牌活动、品牌动向等。

5. 大专院校等机构加强理论研究

虽然世界上目前仅有德国开设有品牌学院，但品牌理论研究、教学实践的浪潮逐渐升高。

中国人民大学与中国商业联合会联手，每年发布《中国品牌发展报告》。

本书作者与朱则荣、杨谨蚩通过长期研究，完成了《品牌总论》，中英文版在国内外同时发行。

6. 各类公司助推

全国有上千家广告公司、咨询公司、策划公司，纷纷采用各种方式和手段，把许多东西都往"品牌"这个筐里装，虽然水平参差不齐，甚至有鱼目混珠之嫌，但也从不同侧面助推品牌建设不断向纵深发展。

7. "山寨"社团借力

一些港澳、境外的"山寨社团"和机构，在中国境内开展评价活动，一定程度上造成品牌市场混乱。

8. 企业强势推进

品牌建设，企业才是最大最强的主流，企业都想把自己的产品变成品牌，培育成强势品牌、知名品牌。但由于企业所处的地域不同，文化不同，企业老板的认知不同，管理层水平不同，一大批企业基本是被"媒体""公司""专家"牵着鼻子走，不知道什么是真正的品牌建设，什么才是有效的方案。

品牌是商品生产者与消费者的共同追求，属于国家综合竞争力的重要体现。随着中国市场经济的不断深入发展，品牌的发展越来越引起国家的重视。加强品牌建设，有利于国家经济的发展，有利于国家从经济大国向经济强国转变，更有利于人们对更高层次的物质文化的追求。

中国历经几十年市场经济的洗礼，在品牌发展方面经过艰难而又曲折的历程。2014年5月10日，针对中国当前经济发展状况，习近平总书记提出"推动中国制造向中国创造转变、中国速度向中国质量转变、中国产品向中国品牌转变"，2016年6月10日，国务院办公厅发布《关于发挥品牌引领作用推动供需结构升级的意见》文件，这份文件全面系统地提出了品牌建设要求，首次提出设立"中国品牌日"，强调大力宣传自主品牌，提高自主品牌影响力。2017年4月24日，国务院批准将每年的5月10日设立为"中国品牌日"。

2017年5月10日，在第一个"中国品牌日"到来之际，中国商业联合会和中国企业联合会联合在首都举办"首届中国品牌日座谈会"，100多家协会以及企业代表参加会议，大家针对中国品牌的发展畅所欲言，并联合发布"中国品牌日宣言"。

2018年的第二个"中国品牌日"，以"中国品牌，世界共享"为主题的活动在上海举行，中国自主品牌博览会和中国国际品牌论坛隆重召开。国务院总理李克强发来贺信，国务院副总理胡春华出席会议，各省市自治区组团参展，央企代表企业参展。

随着中国经济突飞猛进的发展，"中国制造"已经在国际上形成强有力的竞争模式，中国品牌国际化已然成为无法阻挡的趋势。

三、中国品牌七大乱象

中国经济进入市场化之后，各方面都感觉到品牌的重要性，于是开始在品牌经济上做文章。但由于品牌理念的差异，各自利益不同，导致中国品牌乱象丛生。主要表现在以下七个方面：

1.品牌理论乱象。很多企业管理者对于经济方面的理论不熟悉，更不了解品牌理念。中国的品牌理念在2003年之前一直混淆在广告宣传和市场营销里面，让很多企业家感到困惑。2003年之后，品牌理论才成为经济理论中独立的分支。目前，对品牌的研究有不同流派，品牌的定义达700多种。

2.品牌概念模糊。很多企业界人士认为，产品质量、产值、商标、出口、企业文化等就是企业的品牌，这是错误的理解。这些因素属于品牌领域，但不可称之为企业的品牌。品牌内涵很复杂，包含企业的很多项指标。

3. 品牌体系混乱。这一乱象的根源在于品牌的定义，有些企业认为产品销路好、商标设计漂亮等，就是有了品牌。

4. 品牌管理乱象。很多机构坚持自己的理念，按照自己的理念来指导管理品牌，各自为政，导致品牌在管理方面混乱。

5. 品牌建设乱象。很多企业在品牌建设方面设立多个部门，比如品牌部、品牌管理处等，但这些部门基本上是为领导撰写讲话稿，并没有真正去做品牌建设的工作。

6. 品牌教育乱象。在世界范围的品牌教育中，只有德国有品牌学院，其他国家没有这方面的学术机构。我国在这方面缺乏理论支撑，许多机构挂着品牌学院、品牌研究中心的牌子，但很少是大专院校的正式机构。

7. 品牌评价乱象。这方面的乱象非常严重，很多机构以品牌评价为名，以收费的形式给企业评价挂牌。这些机构的名字听起来很有"震撼力"：国际品牌学会、环球品牌协会等，让企业缴费拿牌子。这方面的乱象已引起国家有关部门的重视，正在进行清理整治。

四、一线品牌"清理门户"

中国经济领域内很多一线品牌掀起了"清理门户"的热潮，最为明显的莫过于中国酒类行业的"大哥大"、享誉世界的贵州茅台酒业集团的行动。据业内人士透露，茅台酒业集团经过一系列的"清理门户"行动，已经由原来的214个品牌2389款产品"瘦身"转变为当前的59个品牌406款产品。

此次"清理门户"行动，并非因一线品牌整理产品乱象而起，这主要和消费者的理性消费意识提升有直接关系，属于大势所趋。之前，消费者面对一些一线品牌的产品，基本是来者不拒，大有"一品难求"之势。比如茅台酒，品类繁多，价格不一。消费者只要看到茅台系列的酒，就感觉是茅台质量。只要价格上能够接受，即便勉强一点也要购买。于是，很多茅台就"应声而出"，有些甚至打电话直接联系到消费者："您好，我们是茅台酒业的。现有380元一件的茅台系列酒……"面对这样的业务宣传，消费者大惑不解，感觉到茅台酒是不是"兑水"了？要不然怎么会这样便宜？

这种品牌乱象让消费者难辨真假，严重扰乱了茅台集团的正常经营。为此，茅台酒业集团在茅台品牌要素、审批程序、品牌使用许可等八项内容方面针对品牌乱象制定发布《品牌管理办法》，展开了"清理门户"行动。茅台集团在品牌管理上依照定位准确、合理使用、优胜劣汰三大原则进行处理，从子公司产品品牌开发、包装到定制等方面制定了详细的整改要求。

茅台集团的"清理门户"行动，彻底整治了茅台品牌乱象现象。之前，类似的品牌乱象管理行动也有过，但收效不大，致使很多酒类以茅台集团旗下名义搞促销活动，造成很多消费者一头雾水，无所适从，有一种真伪难辨的感觉，喝酒的时候远离茅台。经过此次清理，提高了茅台酒业的信誉，让广大消费者再次对茅台酒刮目相看。

除了茅台集团，五粮液集团也在门户清理方面有所行动，在品牌分级管理、风险管理等方面开始对五粮液酒类展开了门户清理行动，已经初见成效。

一线品牌的门户清理活动，让消费者在心理上提高了信任度，让一线品牌产品在销售方面趋于正规。不过，从市场上可以看出，尽管一线品牌开始了门户清理，但依然有一些商品在"冒充"一线品牌销售。从这些品牌乱象中可以看出，中国品牌建设任重而道远，需要企业管理者和国家有关部门加强管理。

五、旅游品牌的"宰客"现象

近几年，媒体不断报道我国一些著名旅游景点"宰客"的现象，让消费者记忆犹新的莫过于黑龙江滑雪场的"宰客"事件、青岛龙虾的"宰客"事件等。最近，东戴河旅游区骑快艇"宰客"、景区服务员强行揽客砸车的网帖在互联网上疯传，让东戴河旅游区陷入舆论的旋涡。很多消费者感到，东戴河在主体经营方面混乱，管理不到位，"宰客"现象已成潜规则。

著名旅游区"宰客"现象频频发生，暴露出当地管理部门的失职，让旅游形象大打折扣的同时，也让广大消费者望而却步。接下来旅游区的发展不言自明，旅游景区肯定会受到冷落，无人问津。

法治社会下的市场经济要求的是诚实守信，公平交易，要求各种消费明码标价，童叟无欺，这样的经营才会赢得消费者的信赖，才会让旅游区良性运营。

旅游品牌要想得到长足的发展，就必须加强旅游区管理，对"宰客"现象"零容忍"，提高服务质量。

判断旅游区是不是"宰客"，需要从以下几方面定位：

第一，旅游区商家提供的服务品类在价格方面是否模糊，是否存在引诱消费者消费问题。

一些旅游区经营者或服务商，故意在销售上玩"文字游戏"。比如青岛"龙虾"宰客事件。事前说70元1斤，等顾客消费之后，龙虾价格标成了368元1斤，这种价格欺骗就属于严重的"宰客"事件。

第二，是否存在有对消费者恐吓的行为，是否存在有强迫消费者支付费用的行为。

黑龙江雪乡景区，一位女游客因为拒绝导游提出的消费项目遭到辱骂，这种行为属于强迫消费者支付费用，是严重的"宰客"事件。

第三，经营者是否允许消费者在消费上自由选择。

当消费者感觉商品交易或者服务交易不合理时，应该选择"不"或者其他品类的交易。

对于一些触犯法律的行为，当地公安、工商、旅游管理部门应该果断出手制止，让旅游区服务合理，价格公平公道，以优质的商品服务挽回信任危机，打造有序的旅游区环境，重塑旅游品牌。

六、中国品牌日设立的意义

2017年，国务院批准将每年的5月10日定为"中国品牌日"。

"中国品牌日"的设立意义重大，主要体现在以下几方面：

（一）在经济领域强化品牌意识，提高企业品牌理念。一家企业的品牌不单指产品的商标，也不单指产品的质量，主要在产品服务有独特的效果和经济文化价值，在产品质量有保证的同时，服务方面公平并且有良好的信誉。优秀品牌需要诚信的态度并且始终如一地坚守。从产品研发到企业运营，企业管理者都需要严格把关，一丝不苟，切不可有急功近利的念头。"中国品牌日"的设立，目的就是让企业管理者明白，企业的品牌就是企业体系建设的水准，就是企业的建设运营文化在消费者心目中的形象。

（二）强化经济领域乃至全社会的品牌理念，规范商业运营模式。中国的产品制造存在"造假"行为，而一些消费者明明知道是假货，依然购买，造成商业运营的恶性循环。国家设立"中国品牌日"，就是要规范商业领域的不良现象，让商业健康发展。

（三）努力营造能够代表中国经济发展的优势品牌。中国在经济上不仅要做大国，还要做强国，这才符合民族复兴的伟大战略。国家的强盛需要强大的经济发展作支柱，而经济的发展则需要很多国际化的产品为后盾。一个国际化品牌的背后，就是一家强大的企业，众多的国际化品牌出现，才会构成经济强国的基础。

总之，"中国品牌日"的设立可以推动企业在加强内部管理、生产产品质量、服务体系建设上多下功夫，让企业焕发新的活力，向国际化方向发展。"中国品牌日"的设立，彰显了国家从经济大国向经济强国迈进的决心。

七、传统老字号发展之路

老字号是中华民族的优秀商业品牌，在新的时代如何传承、创新和发展是许多人关心的问题。创新是重点，也是难点。时代在进步，观念在改变，商业背景需要与时俱进，才能永葆中华老字号生命之树常青。

为了更好地促进传统老字号的发展，商务部等16部门联合发布了《关于促进老字号改革创新发展的指导意见》。该《意见》从总体要求、重点任务、保障措施等方面为老字号发展提出了一系列战略部署，提供了政策支持，也规划了发展方案。

中国品牌发展国际论坛

对于老字号的保护和发展，国家从上到下都十分重视，自2006年商务部启动"振兴老字号工程"以来，中华老字号企业发展的势头良好，前景广阔，企业品牌的社会影响力也在逐年加深和强化。然而，从目前老字号企业的实际情况看，仍然存在许多突出问题，有不少老字号企业缺乏活力，创新动力不足，思路不畅，产品的市场竞争力较差，在越来越多元复杂的市场竞争环境下，举步维艰，难以适应经济社会发展的步调。数据显示，在商务部认定的1128家中华老字号企业中，只有四成的企业发展势头尚好，能够维持稳定经营的仅仅占到一半，其中有一成的老字号企业则面临倒闭的可能，企业经营陷入困境。

传承和发展是老字号企业发展的两大主题，一方面要继承和发扬老字号长期积淀下来的良好基因，另一方面必须重视创新，固步自封无异于等死。与普通商品品牌相比，老字号企业的品牌以及产品品牌具有明显的特殊性，传承什么以及如何创新都需要找到黄金平衡点。总体而言，需要传承的是老字号的品牌精神和文化，而创新则要契合市场发展需求，与时俱进，确定未来企业发展的最佳方向。

无论如何，老字号创新刻不容缓，必须马上行动。许多老字号也在不断顺应新的市场形势，并且做出许多有益尝试，主要是针对当前的信息化时代进行各种网络化的升级改造，强化老字号企业的信息化建设。比如，著名的老字号企业全聚德就开始尝试建立自己的线上外卖平台，接入手机支付业务，与时代接轨。这样的创新是必需的也是必要的，但仅仅依靠这些仍然远远不够，除了利用网络拉近与消费者的距离之外，还需要在产品的升级改造方面做文章，只有全方位创新才能有力支撑老字号企业的品牌发展。创新意味着站在已有的企业根基之上，积极主动地开展自我审视和自我革命，革除阻碍品牌发展的不利因素，改良明显不适应当前市场需求的陈旧过时的模式，开拓更大的发展空间。

【本章小结】

一些老字号也重视创新，但为什么总是难以实现预期的效果？最根本的原因是受到陈旧模式的束缚，犯经验主义错误，无论怎么改都是换汤不换药，结果只是在原地打转，阻碍品牌发展的痼疾仍然存在。

下 篇

第三章

品牌顶层设计：政策导向体系

一、品牌的阶段发展

中国经济进入市场化经济阶段之后，其成就举世瞩目。很多企业都在快速发展，有些企业甚至走在世界前列，在世界500强企业中占据的份额不断增加。随之而来的是中国经济实体的增强，已经是继美国之后的世界第二经济体，是名副其实的经济大国。

不过，经济发展的同时，也存在不少问题，即经济大国需要向经济强国迈进。尽管中国已有100多家企业进入世界500强，可中国品牌进入世界500强前50名的不多，这与中国的经济实力不相匹配。因此，中国下一步需要在企业品牌的发展方面加大建设，让中国品牌国际化，使一批品牌成为世界知名品牌。

品牌的发展一般分为五个阶段。

第一，品牌的初创期，需要企业开发产品的价值。

这是品牌建设的第一阶段，需要企业在以下几方面做出努力：

（1）根据企业传统产品的特色，积极开发新产品的价值。企业开发新产品之所以需要根据传统产品特色，是为了留住企业老客户，避免新产品的开发让老客户"敬而远之"。企业开发新产品，需要在稳定老客户的基础上发展新客户。

（2）新品牌需要取得消费者的信任。新产品如果没有赢得广大消费者的信任，那新产品就无法在消费者心目中站稳脚跟，难以让消费者认可。

（3）新品牌产品进入市场时，需要把握好节奏，由点到面逐渐扩大市场。

（4）新品牌产品需要简化使用流程，让消费者容易接受，否则难以受到消费者的欢迎。

第二，品牌发展期，需要企业在推广方面提升品牌价值。

这个阶段，需要企业在以下几方面做出努力：

（1）深挖产品的潜在价值。

（2）加强品牌宣传力度，增强品牌影响力。这方面最为明显的实例就是"王老吉"品牌的推广。在2008年汶川大地震时期，王老吉集团宣布捐款1亿元。这一举动，让"王老吉"品牌走进了广大消费者的心中，扩大了"王老吉"品牌的影响力。

（3）持续加强对品牌的投入，塑造"大品牌"形象。

（4）稳步开发品牌市场，让品牌产品扩大影响力度。

第三，品牌成熟期，需要加强品牌主导型产品地位。

这段时期属于品牌产品的成熟稳定期，需要企业在以下几方面做出努力：

（1）品牌主导型产品需要进入市场。

（2）建立品牌保护壁垒，以此提高主导品牌产品的优势地位，让竞争者望而生畏。

（3）精心安排品牌产品的市场，为后续开发的新产品做准备。

（4）需要注意：品牌产品最好不要延伸发展，而是用品牌后续的新产品，这样避免让消费者产生疲倦心理。

第四，品牌产品的第二发展期，需要重新给品牌产品价值定位。

这个阶段属于品牌产品的再发展期，需要在以下几方面做出努力：

（1）品牌产品扩大市场，需要寻找竞争对手，分析对手，然后占领对手的市场。

（2）扩大品牌产品的品类，努力开发品牌产品的使用价值。

（3）在品牌产品价值开发方面需要不断创新，在品牌产品更新换代方面走在竞争对手前边。

（4）企业管理者需要具备全球眼光，努力将品牌产品打进国际市场。

（5）在第一品牌产品进入国际市场的时候，企业需要开发出第二品牌产品，争取扩大品牌产品在国内、国际市场上的影响力。

第五，品牌维护期，需要占据市场的主流地位。

品牌维护期非常重要，常言说创业难守业更难。这方面需要企业在以下几方面做出努力：

（1）持续推进品牌产品的价值，让消费者信赖品牌。

（2）企业在品牌产品方面需要整合，做到捆绑式发展，提升品牌产品的竞争力。

（3）积极关注公益活动，赢得广大消费者信赖的同时，维护品牌产品在消费者心目中的形象地位。

以上就是品牌坚实的五个阶段，需要企业在打造品牌过程中仔细领会，然后根据企业发展的实际情况，制定打造品牌产品的发展战略。各级政府要根据市场发展，制定不同时期的政策，推动企业加强品牌建设。

二、建议成立国家品牌战略委员会

随着中国经济的迅猛发展，经济大国的地位以及世界第二经济体已经在国际上享有盛名，从经济大国向经济强国迈进的战略已经摆在中国人民面前。为此，在2015年至2016年间，国家针对中国经济产业品牌战略不断出台文件，旨在强化中国企业品牌建设，提升中国企业品牌的塑造和发展。

2016年10月17日，中国商务广告协会品牌发展战略委员会在首都成立。在新闻发布会上，中国商务广告协会会长、品牌发展战略委员会联席主席李西沙向全国经济界人士发布了中国品牌发展战略委员会的工作思路和发展规划，推出以下两方面的举措：

第一，推动中国自主品牌的发展建设。

2016年6月20日，国务院办公厅发布《关于发挥品牌引领作用推动供需结构升级的意见》，为中国企业自主品牌的创新发展提供了机遇。中国商务广告协会积极响应国家号召，迅速成立品牌战略委员会，从创建有自主知识产权的品牌规划、推动自主品牌建设等方面，力争建设成为具备国际影响力的自主品牌孵化基地。

第二，开展中国品牌建设论坛，培养品牌建设人才，为品牌发展战略服务。

这方面，品牌发展战略委员会将围绕以下六方面展开工作：

（1）针对中国品牌建设开展百场论坛大课堂，从思想上渗透中国品牌意识。

（2）逐步开展"中国品牌代言人"的培养规划，为中国品牌建设储备人才。

（3）成立中国品牌建设实验基地：自主品牌创新发展实验基地，"一带一路"品牌国际化实验基地，数字、文化与中国品牌综合实验基地。让三大品牌建设基地为中国自主品牌建设服务。

（4）建设国际品牌专家基地，培养中国自主品牌创新专家，为中国自主品牌建设发展提供指导引领作用。

（5）建设中国自主品牌发展战略科研中心，为中国品牌发展战略提供技术方面的理论成果。

（6）成立年会制度，向中国企业自主品牌发展建设提供互相学习的机会。

政府有关部门的质量技术检查，涉及出口的产品依法予以免检，实行重点保护。这一举措，激发了中国企业自主品牌创新产品建设的动力，让中国自主品牌的建设发展进入新的实施阶段。

以上只是社会组织的行动，没有在全国产生重大影响。

品牌的发展，需要国家层面的强力推动，因此建议成立国家品牌战略委员会，由国家领导人担任主任，相关部委领导任委员，下设常年办公室，指导全国品牌建设。

三、地方政府推动品牌发展

中国从经济大国向经济强国迈进，不仅需要中央各部门以及中国品牌战略委员会的倡导和引领，更需要地方各级政府有关部门的大力支持和配合。中国自主品牌创新产品的建设发展，不仅仅是企业的问题，各级地方政府同样发挥着重要作用。中国自主品牌是由中国区域产品发展而来的。一方面，区域经济的发展，地方政府是管理者和监督者，需要对区域企业产品的建设和发展提供必要的支持和一定的干预；另一方面，地方政府需要从有关职能部门的角度为区域经济发展运营提供帮助。地方各级政府要认识到，只有区域品牌创新产品的发展壮大，才可以让中国自主创新品牌产品成为名牌产品，才可以走向国际市场。

地方各级政府有关部门推动品牌产品发展，需要在以下两方面做出努力：

第一，地方政府需要建设推动区域品牌经济的平台。

地方各级政府在中国品牌建设方面，首先要为区域经济品牌创新产品建设营造良好的环境，注重创新，包括区域产业群在内部管理的创新和在研发自主品牌产品的创新，积极努力激发企业在创新资源方面的开放和共享。地方各级政府有关部门制定地方新经济政策，以此引领经济产业群在品牌产品建设方面加强沟通。积极引进国内外先进科学技术以及高校的专业技术力量，为企业的建设发展搭建平台的同时，也为企业发展自主品牌创新产品指明前进的方向。

第二，地方各级政府有关部门需要在制订区域经济产业发展群与区域品牌发展战略规划方面做出努力。

地方政府在推动中国品牌发展战略方面需要做出努力。中国品牌战略的发展，离不开地方经济产业群的发展，尤其是地方经济区域创新产品的研发运营。在具体引导思路方面需要注意以下几点：

（一）当前我国地方企业在面向国际发展方面遭遇瓶颈，需要从国内环境与国际环境两方面考虑。全球经济一体化让国内地方经济产业带成为国际市场的一部分，但发展中遇到了贸易保护壁垒。区域产业应对这些壁垒时显得势单力薄，既需要理论的指导，也需要国家品牌战略委员会的引领，更需要地方各级政府的大力支持。

（二）国内经济市场在国家经济政策导向以及市场需求方面都需要考虑到区域产业品牌的发展建设。在可持续发展战略、节能减排、环境保护等一系列策略制约下，地方经济产业亟须在转型方面做出努力，需要改变单个竞争和发展的局面，在合资建设产业集团和大规模营销方面，地方政府应该针对各方面的产业资源做出积极的引导与协调，做好中间角色，引领地方经济向规模化、创新化、品牌化方向发展。

地方政府在营造区域经济品牌发展的建设中，应该制定人才引进和培养机制，整合协调区域企业发展，努力打造集团企业，力争发展创新品牌产品并推动走向国际市场，让地方区域创新产品首先在国内市场成为名牌产品，为品牌产品走向国际化，成为世界名牌打下基础。从某种角度说，地方政府整合区域产业资源走向集团化，也有助于地方产业提高竞争力，提高区域经济的整体水平向国际化发展，打造更多的品牌创新产品，为中国从经济大国向经济强国迈进做出贡献。

四、政府建立奖励机制

鼓励企业开展自主品牌创新产品建设，加快品牌发展战略推进步伐，培养我国品牌产品和优势企业。政府需要出台相应的奖励机制，以此激励企业开展品牌自主创新产品的研发，推动品牌战略发展。具体实施过程中，需要在以下几方面做出努力：

第一，政府在财政上安排专项资金，鼓励当地企业在品牌发展战略上开展产品创新，对于在国家级、省级及市级品牌评价中获得认可的企业予以奖励，从政策角度给予支持，技术层面可以为其牵线搭桥，吸引高校专家与企业合作，提升产品的技术含量。让企业技术人员借此机会通过培训学习，在业务技能方面获得新的动力，更好地为企业产品创新服务。

第二，在奖励标准方面划出等级，以此激励企业在品牌产业创新的进取心，让企业不断进取，向国际化目标迈进。

这方面有以下几点需要注意：

（1）政府需要出台奖励制度，可以根据不同的情况及时修改。时代在发展，政府出台的品牌产品奖励制度也需要与时俱进，不断完善。

（2）对于荣获国家批准开展的第三方认证的"星级品牌"，政府需要给予不同等级的一次性奖励。另外，从银行获取资金以及国家政策方面都应予以支持。这样，企业在名优创新产品开发上会有动力，也有了前进的目标。

（3）对于在品牌理论研究、品牌建设、品牌创新等方面取得突出成绩者，也要奖励。

在具体实施方面，政府可以设立国家层面、省级层面的品牌评选策略，设立品牌专项奖励基金，由政府有关部门针对当地企业的一些品牌创新产品进行评选，努力让评选制度做到公平公正、公开透明，避免受到不良因素的干扰破坏。比如，一些机构在品牌评价过程中，对企业采用"乱收费"办法。名义上是评选品牌产品，实际上是根据各个企业缴费的多少给予不同等级的"奖励"。这种评价办法，极大地伤害了业界其他人士的事业心，其评价结果的客观性也引起社会的不满。

针对这种情况，国家出台了一系列政策措施，限制政府部门评价品牌，鼓励由协会来评选，大力发展第三方品牌认证。

客观层面上，对于国家品牌创新产品的开发和建设，政府设立奖励机制是绝对必要的。不过，在具体认定中，更需要政府在企业自主创新品牌产品方面，不仅在财政上划出专项资金，更需要出台系列政策，让品牌产品的评价系统规范化，为广大消费者以及客户所认可，真正将质量优等并受广大消费者欢迎的产品评选出来，为经济的发展出力，为品牌的发展战略做贡献。对于那些不规范的评选和一些打着政府旗号招摇撞骗的各种评选活动及时清查，还企业人士一个公道。

国家品牌发展战略的目标和方针，就是要把我国经济大国的形象改变成为具有世界影响力的经济强国形象。这是一个伟大的战略构想，需要广大企业和各级政府为这个目标的实现不懈努力。

五、成立品牌基金

2017年4月25日，上海品牌发展基金会成立，这是中国国内第一个以品牌发展建设为主导而成立的基金会。上海品牌发展基金会首期规模为人民币20亿元。当日，上海市经济和信息化委员会、知识产权局联合主办"第三届中国品牌（上海）论坛"，主题为"科创驱动与品牌经济发展"。论坛上，工信部科技司副司长沙南生指出，中国制造已经享誉世界，但大而不强，主要原因就是品牌产品企业太少，今后的经济发展就需要在打造国际知名品牌企业产品方面做出努力。

2018 年中国自主品牌博览会吉林馆

上海品牌发展基金会的成立，在一定程度上成为代表中国品牌发展战略实施的举措，中国经济企业品牌产品建设发展的里程碑事件，刺激了当地企业在品牌创新产品方面的开发建设。

最新数据显示，中国已经在产品制造行业稳居世界第一。在国际畅销的500多种主要产品中，中国已有220多种产品产量位居世界前列。值得注意的是，在世界知名品牌产品中，中国产品占据比率却非常低，明显与世界第一制造大国不匹配。上海位于中国最发达地区"长三角"城市群顶端，是中国经济发展的"排头兵"。上海首先从"产品经济"向"品牌经济"转型，引领中国经济向下一阶段发展。

上海品牌发展基金会自成立以来，严格依照中国证监会以及中国证券基金管理协会的章程规范开展工作，很快得到了金融界、企业界、品牌建设等有关机构的热烈响应。中国工商银行上海分行决定给予上海品牌发展基金会100亿元的授信，中国银行上海分行和浙江银行也做好各自给予上海品牌发展基金会100亿元的授信。

上海品牌基金会为中国"长三角"区域品牌经济的发展注入了新的活力，也为全国的品牌经济发展做出了表率，指明了方向。地方政府成立品牌基金，有以下几点重大作用：

（一）有助于当地品牌产品的开发建设。品牌基金的成立，让当地企业在品牌产品开发方面有了动力，可以获得资金的支持。这对于品牌产品的建设开发尤为重要，尤其是一些科技含量比较高的品牌产品，在启动之时需要资金投入，而企业很难在流动资金里面抽出资金，这就直接导致新品牌产品"胎死腹中"。品牌基金的设立，可以有效避免这种现象的发生，让品牌创新产品顺利"上马"。

（二）有助于调动企业科技人员开发品牌创新产品的积极性。品牌基金的成立，让企业在品牌产品研究开发方面不再受企业的约束，也可以调动社会上的科研机构加入品牌产品开发建设中来，让品牌产品的建设开发得以快速发展。

品牌基金成立后，需要在以下两方面引起重视：

1. 品牌基金需要围绕当地企业品牌自主创新产品开发建设而运转，避免受到不良因素的影响。比如，品牌基金会收到了某家企业的开发自主创新品牌产品的申请，可基金会不认真调查研究，对这样的申请不闻不问，这就造成品牌基金会形同虚设，不能为品牌经济发展服务。

2. 品牌基金会需要及时到企业中调研，及时了解企业开发建设自主创新品牌的信息，以便做到支持和帮助。

总之，品牌基金的建设有助于当地"产品经济"向"品牌经济"发展，更有助于自主品牌创新产品的研发建设。在中国从经济大国向经济强国前进的路途中，设立品牌基金是非常重要的一环。

六、品牌如何驱动市场

改革开放政策让中国经济走向了市场化，也造就出了一大批国内乃至国际市场上的知名企业，如海尔、华为、联想等，这些企业在自身快速发展的同时，也带动了周围一大批企业的快速发展。在品牌产品经营方面，采取科技和经验双重结合的战略，让品牌产品从开发到制造，最后自主建设走向市场，让品牌产品驱动市场的开拓，为中国经济的蓬勃发展起到表率作用。

市场导向属于现代市场营销模式，在品牌驱动方面发挥着应有的作用。品牌自主创新产品导向需要有条件满足广大消费者的需求欲望，需要遵循品牌自主创新产品的核心价值，在两者之间做出合理化的选择。因此，品牌驱动市场就需要企业在市场导向的前提下维护品牌产品的核心价值导向，将不断创造消费者需求与实现品牌营销优势有机结合起来，进而改变传统的产品营销模式。

品牌驱动市场的具体实施过程中，需要在以下四方面做出努力：

第一，产品在营销过程中需要让消费者识别，从中体会到品牌的核心价值，为产品的建设提供发展方向。在品牌产品的营销过程中，相比具体的产品，品牌的影响力非常重要，因为其蕴含着核心价值。品牌的识别背后是巨大的企业文化和附加价值。品牌核心价值需要以产品价值的真实性作为前提，更需要企业的传统文化和资源为支撑。

第二，加速推进自主品牌产品的研发和创新。

品牌驱动市场，要求企业的发展目标从拓宽市场转移到品牌产品的研发建设方面，从品牌产品的核心价值寻找企业发展的突破口。这需要对原有的企业人力物力资源进行整合，进而让自主研发的创新品牌产品占领市场，改变原来的营销战略。不过，这种从品牌创新走向发展的企业成功之路往往面临许多问题，所以需要在人员配备方面提升标准。让具备高科技知识的员工，再经过专业技术技能培训，然后走上工作岗位，让企业焕发新的活力。在提高企业竞争力的同时，在市场营销、企业发展的理念方面也会更胜一筹。

第三，在创新品牌产品研发方面首先要确定品牌价值观。

产品的品牌具有价值，但不同于其品牌价值观，这方面需要认真对待。品牌价值主要体现在高层次上的核心价值，在消费者心目中具有强大的稳定性。例如，中国的茅台酒，其品牌的价值观涉及中国的传统酒文化，是中国酒类顶级产品的代表，绝对不只是几瓶茅台酒所能等价的。尽管改革开放以来，洋酒充斥了很多酒类市场，可喜欢喝酒的中国人心目中依然对茅台品牌情有独钟。因此，茅台品牌价值观和茅台品牌价值在原则上就属于两个概念，唯有具备吸引力的品牌价值观才会对广大消费者以及客户产生巨大的吸引力。

第四，品牌驱动市场需要以品牌导向来完成企业发展中的转型。

中国经济的发展需要从经济大国向经济强国转型，同样，中国的企业也需要从产品市场发展向创新品牌发展，即以生产制造为主的低价值发展向创新品牌为核心的高价值发展。在转型过程中，企业需要将之前的市场导向转型为品牌导向，将企业建设成为品牌导向型的企业。需要说明的是，品牌导向的企业员工要求在业务能力以及商业理念都不同于产品导向企业。数据显示，中国很多企业的员工基本都受过高等教育，在文化水平和商业理念方面都达到品牌导向型企业的标准。

总之，品牌驱动战略属于企业发展转型的一个举措，通过这个举措可以让企业发展向品牌战略转型，推动产品经济向品牌经济转型。

七、高端品牌的发展逻辑

高端品牌的发展需要一个过程，更需要一个逻辑，没有逻辑的发展属于杂乱无章的发展，商业经济也如此。以中国汽车行业为例，中国自主品牌的汽车与合资企业品牌的汽车相互竞争，在弱势的情况下取得了长足发展，尤其在概念车、新能源汽车方面，国产自主品牌汽车尤为引人注目。从这个角度说，高端品牌的发展逻辑同样需要一步一个脚印走过来，从企业完善管理到科技因素的含量，再到企业员工素质的提高，最终到自主品牌的创新研发，中国许多企业都具有自身的优势，因此取得了发展，也成为中国自主品牌崛起的必然因素。

中国高端品牌的发展逻辑，主要由以下两方面决定：

第一，国内经济的迅猛增长给企业的自主品牌发展带来了极大的发展机遇。

20世纪70年代末，中国刚刚改革开放，经济产值和规模在世界经济中占据很小的一部分。可是，经过40年的发展，中国经济规模以及产值在世界经济领域都举足轻重。中国自主品牌的发展也随着中国经济的发展而发展。尽管合资企业的品牌在市场占据绝对优势，可随着市场规模的不断扩大，中国自主品牌创新产品获得了发展机会。例如，奇瑞汽车首先立足于低端市场，获得广大消费者的认可，继而快速发展，在市场经济大潮中占据了一定份额。

第二，教育的发展造就了众多高素质的员工，高素质员工的自主品牌情结造就了中国自主品牌创新产品的发展。

自主品牌创新产品的发展不仅需要市场，更需要高素质的员工，只有这两个条件有机结合才能造就自主品牌创新产品的快速发展，才能让自主品牌产品走出国门进入国际市场。中国人都有爱国情结，都希望自己的国家能够强盛。中国教育的发展，尤其是九年义务教育的普及以及中国大专院校的扩招，让青少年基本都能接受良好的教育，而这就为中国企业提供了高素质人才，也为企业自主品牌创新产品的研发建设提供了优厚的土壤。

在国家政策的引领下，中国企业在历经长足发展，让中国成为经济大国之后，做好了向经济强国迈进的准备，即企业开始进行自主高端品牌创新产品的发展。具体实施方面，需要坚持以下发展逻辑：

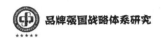

（一）高端自主品牌发展依然需要可持续发展逻辑。

在自主品牌创新产品发展过程中，可持续发展重在对高技术人才的重视。众所周知，科技是生产力发展的第一动力，唯有高科技人才，才可以让企业在高端自主品牌创新产品发展方面占据高地。

（二）努力打造高端用户消费者，为高端自主品牌产品的发展打下基础。

结合互联网技术，让企业与消费者通过线上线下的互动来提升消费者的消费理念，通过体验让消费者发展成为高端用户。

（三）企业需要构建品牌创新产品与消费者的全流程互动，扩大品牌产品影响力。

企业品牌产品生产者与高端消费者在互联网平台上实现互动，为用户构建品牌产品的对话框，扩大品牌产品影响力。

总之，高端品牌的发展需要一个逻辑过程，需要有发展的内在条件和外在条件。在中国社会生活高度发展的今天，这些条件已经具备了高端品牌发展逻辑，必定会成就中国自主品牌创新产品走向国际化。

【本章小结】

各级政府在制定品牌政策时，一定要根据本地经济形势、企业发展的特点，制定各个时期的重点，切忌搞形式主义，搞"形象工程"。

建议成立国家品牌战略委员会，指导全国品牌建设。

2018 年中国自主品牌博览会江苏馆

第四章

品牌标准：标准化制定体系

一、品牌的国际市场渗透

随着中国经济的迅速发展，自主品牌创新产品在国内市场形成规模化之后，下一步就要走出国门向国际市场渗透。这是企业运营以及产品开发的规律，需要突破这个瓶颈发展期，进而形成国际化品牌。让企业走向国际市场，对企业自主创新品牌产品具有更大的吸引力。

中国企业自主创新品牌产品向国际市场渗透，需要在以下几方面做出努力：

第一，积极调整产品营销观念，到国际化市场调研自主产品核心价值。

面对错综复杂的国际市场，自主研发创新品牌产品能否打开销路？世界上不同民族、不同阶层、不同文化的人们是不是欢迎我们的自主产品？需要针对这些问题展开调研。调研是为企业自主创新产品进军国际市场做准备。

1.通过国际市场调研，企业能够发现国际市场的机会和销售壁垒，进而采取相应的对策，有助于企业下一步发展。

2.国际市场调研可以监测企业的营销能力，能否将市场做大做强。

3.通过国际市场调研，企业可以预测国际市场的走势，为进军国际市场做准备。

第二，认真分析国际市场，寻找渗透的最佳机会。

能否在国际市场营销，取决于企业自主创新产品的核心价值能否与国际市场的需求接轨，企业只有在不断对国际市场调研中搜寻、识别，才能创造营销机遇。

1.寻找产品营销机会。认真分析国际市场，寻找自主品牌创新产品满足国际市场的可能性，营造产品营销机会。

2.积极采取合理的营销策略。国际市场分析可以让企业掌控某些特定市场消费者的特性，尤其在国际化市场，更需要通过各方面的文化喜好因素来寻找品牌产品市场渗透的机遇。

3.确定品牌自主产品国际市场渗透目标，根据企业自身客观条件，将营销的人力物力以及技术集中在一起抢占国际市场。

第三，选择营销最佳路径，进入国际市场。

进入国际化市场有多种方法和路径，企业营销需要选择适合自己发展的路线，才可以让自主创新产品在国际化市场站稳脚跟。

1.间接出口营销：通过对方国家的出口中介来营造出口机遇，是企业向国际市场渗透的路线之一。

2.直接进入国际市场开展自主品牌创新产品营销：企业可以绕过某些国家的出口中介，直接和营销市场洽谈业务。

3.通过协议安排来开辟国际市场：企业通过承包商、营销商等

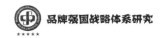
和国外市场建立营销联系，进而开辟国际市场。

4. 企业可以通过合资经营的模式进入国际市场：这种方式需要国家创造合资平台，与国外企业合资经营，让产品自然进入国家市场营销，扩大品牌产品影响力。

5. 直接在国际市场投资，让自主品牌创新产品直接进入国际化市场营销。

第四，自主品牌创新产品向国际化市场渗透，需要考虑民族文化差异。

不同的民族、不同的国家，存不同程度的文化差异，难免会对一些产品产生抵触情绪，因此自主品牌创新产品在考虑国外消费者需求的同时，还要考虑对方的文化习惯、宗教信仰、审美价值的特点，将这些因素综合考虑，才可以让自主品牌创新产品有效地选择国际市场，进而在国际市场站稳脚跟。

第五，维护自主品牌形象。

自主品牌的形象是由广大消费者综合评价来决定的，并非企业自身，而优秀的品牌形象对国际市场的渗透力更加强大，更加具有吸引力。企业自主品牌产品形象的优劣能够影响进入国际市场的进程，在良好品牌形象影响下的国际消费者可以让企业身价倍增，而自主品牌也可以通过自身形象满足国际市场下的不同层面的消费者。

总之，品牌产品在国际市场渗透方面考虑多种因素的同时，也有很多渗透方法和进入路线，需要企业根据自身实际情况选择适合自身发展的最佳路线，然后对国际市场展开渗透，最后在国际市场站稳脚跟。

二、赢得消费者才是正牌

"王老吉"独家传承人是王泽邦。根据记载，王泽邦在清朝道光年间按祖传正宗配方配制凉茶，在当时取得了一定的发展。1996年，广东加多宝公司根据王老吉配方生产红罐凉茶，随后成为可口可乐的竞争对手，并超越可口可乐连续七年荣获"中国饮料第一罐"的美誉。而接下来的一幕却让消费者捉摸不透，加多宝很快陷入与王老吉的"官司"，继而对簿公堂，让消费者难辨真伪。不过，人们经过调查后发现，"王老吉"品牌是从加多宝做大做强的，产权所有者坐享其成似乎也无可厚非。

这样的判断尽管有其道理，可这场官司还是让消费者开始查阅问题的根源所在。

清朝道光年间，广东地域瘟疫流行，王泽邦和妻儿一起去山间躲避瘟疫，偶遇道士传授独家秘方。王泽邦依照秘方煮茶，病人喝下去之后立竿见影。王泽邦很快声名鹊起，被人们尊称为"药侠"。

王泽邦在煮茶方面不断探索，将10多种山间草药配制成凉茶，然后在广东一带以大碗茶形式销售，生意兴隆。道光八年即1828年，王泽邦举家迁往广州开凉茶店，因为王泽邦又名王阿吉，所以凉茶店的名字就叫王老吉凉茶。由于凉茶药效显著并且价格低廉，很快风靡广州城。当时，著名禁烟大臣林则徐因为工作操劳过度，身体不适，就让属下购买王老吉凉茶，结果茶到病除。林则徐随后派人送来刻有"王老吉"金字的大铜壶赠予王泽邦，王老吉凉茶由此声名远扬。

随着时间的推移，王老吉凉茶历经多代人推广和战火的洗礼，到1949年新中国成立后收为国有企业，即广州药业公司。到80年代改革开放之后，加多宝以新的形象出现在消费者面前，但其在名气方面难比王老吉的名声。后来，民族传统品牌"王老吉"被再次提及，加多宝被冠以"王老吉"。

实际情况是，王老吉属于广药公司，但广药的经营状况不好，让传统民族品牌濒临倒闭。无奈之下，广药就把王老吉品牌出租给了加多宝公司。加多宝经过多年苦心经营，最终让王老吉凉茶成为家喻户晓的品牌产品。此时，广药才发现王老吉品牌的核心价值，就开始生产绿盒子王老吉（在颜色上和红罐王老吉有区分）。结果，绿盒子王老吉明显在运营方面经受不住商业大潮的冲击，最终再次濒临倒闭。值得注意的是，此时加多宝租赁王老吉的品牌期限已到，广药就抓住时机，说红罐子王老吉属于广药王老吉，要求对加多宝重罚严惩。

当时的情况是，广药属于上市公司，在这次纠纷中，支持广药的大多是广药的股民，而加多宝的支持者则是背后广大的网友。

2014年12月3日，广药王老吉诉加多宝虚假广告宣传纠纷案在北京市第三中级人民法院公开审理后判决：加多宝停止使用"加多宝连续七年荣获中国饮料第一罐"的广告宣传用语，要求加多宝在媒体上连续七天登载声明，消除不良影响，并赔偿广药王老吉300万元。加多宝不服判决上诉，后经过广东高级人民法院最终审理后，驳回上诉维持原判。

2017年8月16日，王老吉与加多宝产品营销案终审判决，双方共同享有"王老吉"品牌使用权。2018年1月，王老吉诉加多宝营销侵权案败诉，被驳回3亿元的赔偿要求。

对于加多宝和王老吉谁才是正牌的纷争，最终以这种形式收场，消费者依然存有很多疑惑。在商业经济大潮之下，不变的永远是利益，朋友可以随着时代的变迁而改变。王老吉本人已经作古100多年，传统的文化品牌真正继承下来才是硬道理。唯有将真正的王老吉"秘方"做成产品让消费者使用，让王老吉品牌走出国门，在国际市场发扬光大，让世界消费者领略博大精深的传统中医文化，这才是中国自主品牌的正宗理念。

因此，对于王老吉和多加宝谁是正牌的问题，需要抛开利益的链条，让广大消费者去品味。谁赢得消费者，真正得到广大消费者的欢迎，谁就是正牌。

三、品牌经营需要定位准确

恒大集团是中国著名企业，市值达4600亿元，实业项目涉及房地产、粮油、乳制品等，在中国人心目中是成功的实业集团。令人费解的是，在资金和人才方面如此雄厚的企业，在开发了"恒大冰泉"项目之后，最终在2016年9月28日宣布，以27亿元对外公开出售粮油、乳制品和矿泉水业务，至此，恒大的"恒大冰泉"快消品业务宣告失败。

客观上说，恒大实力雄厚，企业非常符合个性成功标准，"恒大冰泉"的成功是一种必然，然而实际情况并非如此。

偶然现象中有必然的因素，以下为"恒大冰泉"业务失败的主要原因：

第一，在运营模式方面，"恒大冰泉"过于重视品牌效果而忽视了产品品类。

当下，国内很多企业在业务发展上几乎都关注产品的品牌，而往往忽视产品的类别，可是消费者则关注产品的品类。比如脑白金

恒大冰泉广告

产品，消费者非常清楚这种品类产品，对于其他类别，消费者几乎全然不知。

这样一来，"恒大冰泉"的失败也就不言而喻了。矿泉水产品中，消费者对农夫山泉比较了解，再普通一点就是昆仑山，除此之外，人们几乎不知道还有其他品牌的矿泉水。

第二，"恒大冰泉"产品在定位方面比较模糊。

在广告宣传上，"恒大冰泉"产品定位非常模糊，让消费者摸不透究竟是针对哪一层次的消费，产品功能说的也有些不切合实际。广告用语："天天饮用，健康长寿"和"做饭泡茶"应该是针对老年人，"健康美丽"和"我只爱你"是针对年轻人，"长白山天然矿泉水"和"我们搬运的不是地表水"是针对所有人，"爸爸妈妈我想喝"是针对儿童……让消费者无所适从。其实，矿泉水能饮用就可以了，用响亮一点的言辞即可，没有必要太多。

第三，"恒大冰泉"业务目标过于自信。

在"恒大冰泉"业务项目上马时，老板将每年的销售目标定为100亿元。这样的目标压力太大，让项目负责人只能玩命一般打广告，先后聘请著名影视界人士范冰冰、成龙，韩国明星全智贤……过于重视广告的宣传，让消费者也将重点放在了广告上面，忽视了产品，更忽视了其他方面的工作，最后以失败告终，40亿元的投入只收获10亿元的销售额。

企业家需要弄清楚，消费者需要的是产品，并不是广告宣传。

第四，"恒大冰泉"的营销计划应进行测试，可行之后再实施。

有人做过这样的比喻：不经过测试的策略等于没系安全带上高速。企业的营销策略，首先需要反复测试，认为有效再实施。"恒大冰泉"做了营销计划后就付诸实施，自信度是很高，可这种盲目

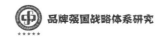

的自信必然会带来严重的后果。

第五，在营销业务方面没有客户数据库。

其实，很多企业都存在这样的错误。产品销售不错，客户具体是谁？没有留下任何联系方式，也就是没有建立客户数据库。从另一个角度说，企业根本没有把消费者放在心里，忽视了客户的存在。这样的错误对企业是致命的。

第六，企业雄厚的实力导致过多相信"钱"的作用。

恒大集团实力雄厚天下人皆知，企业管理者遇到事情就会想到用"钱"去解决。这样的运营方式本身就有问题，毕竟，世界上很多事情是用钱解决不了的。

第七，"恒大冰泉"运营模式过于老化陈旧，没有在营销模式方面创新。

当今社会是互联网时代，企业营销模式也需要利用互联网。"恒大冰泉"作为新创品牌，在运营模式方面需要有所突破，依托互联网在运营模式以及营销策略上做大胆的创新，这样才可以占领市场。

总之，"恒大冰泉"的营销失败了，这一点可以从附近的超市看出来。失败的原因众说纷纭。作为决策者，恒大管理者需要认真总结经验教训，争取通过其他品牌产品的运营取得成功。

四、做品牌不要丢掉信誉

"鸿茅药酒"是以传统文化为旗号的药酒产品，据说喝了可以医治很多疑难杂症，价格不菲，一度为中高层人士热捧。2017年12月19日，一篇名为《中国神酒"鸿茅药酒"，来自天堂的毒药》的帖子开始在互联网上疯传，署名谭秦东。文章从心肌、血管等方面，说明"鸿茅药酒"对中老年人会产生巨大伤害。这篇文章对"鸿茅药酒"的营销造成极大影响。

2017年12月22日，"鸿茅药酒"生产厂家——内蒙古鸿茅国药股份有限公司向公安部门报案：网络上有公众号对"鸿茅药酒"产品恶意攻击并抹黑，造成很多经销商退货，给公司造成极大损失。因为受《中国神酒"鸿茅药酒"，来自天堂的毒药》的影响，国内许多城市医药公司向厂家提出退货要求，涉及金额几百万元。

2018年3月5日，北京炜衡（上海）律师事务所律师程远在自己微信号发表文章《广告使劣迹斑斑的鸿茅药酒获"CCTV国家品牌计划"，打了谁的脸？》。3月8日，内蒙古鸿茅国药股份有限公司发表文章《对于一些自媒体严重诽谤我公司商誉的严正声明》。

2018年4月26日，鸿茅药酒生产厂家内蒙古鸿茅国药股份有限公司发表企业资产报告，公开向广大消费者道歉。人们以为"鸿茅药酒"事件自此告一段落，谭秦东肯定赢了。然而，接下来发生的一幕让广大消费者再次满头雾水。谭秦东被拘押97天之后出狱，5月17日，与被拘押之前判若两人的谭秦东发表声明，向鸿茅药酒生产厂家鸿茅国药股份有限公司道歉，并希望得到鸿茅国药股份有限公司的原谅。

先后两个道歉声明，让广大消费者彻头彻尾地陷入迷茫之中。在内蒙古鸿茅国药股份有限公司与谭秦东两者之间，事前是"互掐"：谭秦东在互联网上发表文章说"鸿茅药酒"产品伤害广大消费者，接下来内蒙古鸿茅国药股份有限公司开始申诉谭秦东"损害商品声誉罪"，让谭秦东受到法律制裁。事后，双方却都在致歉……

根据谭秦东妻子的描述，谭秦东回到广州家里之后，精神恍惚，

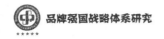
偶尔还说胡话……

事情发展到这一步，似乎在告诉人们，"鸿茅药酒"和广州医生谭秦东都没有赢。谭秦东受到了伤害，"鸿茅药酒"失去了广大消费者的信赖。

五、加快创新系列品牌建设标准

常言说，一类企业卖标准，二类企业卖品牌，三类企业卖产品。自主创新品牌建设是国家经济发展的方向，是将我国从经济大国向经济强国发展的必然举措。自主创新品牌产品的研发和建设，需要政府在政策方面给予支持和帮助，更需要企业将自身提升到战略发展的高度。

在加快创新系列品牌建设标准上，需要企业在以下几方面加强努力：

第一，提升企业自主创新生产能力，加强品牌产品建设战略发展。

改革开放使民族工业自主品牌有了长足发展，国家的经济地位有了巨大的提升，成为名副其实的经济大国。不过，应该看到，国内的经济发展还存在一系列问题：经济结构不合理，经济产品粗放，等等。为了让经济保持长久而稳定的可持续发展势头，就需要企业在自主经营、自主研发、自主创新、自主品牌方面下功夫，努力在国际市场确立中国自主品牌产品地位。

在企业自主创新能力建设方面，政府需要针对具有自主知识产权的重要高新技术产品予以保护性发展，在政策以及资金方面给以帮助，努力将这样的产品打造成为令消费者满意且质量过硬，能够在国际市场占有一席之地的产品，提升国家自主品牌创新产品的知名度和影响力。

自主创新能力包括以下几点：

1. 理念创新，即企业管理者需要从思想方面加强创新理念，从企业管理到运营、营销战略、自主品牌研发，都需要管理者创新理念的支持。

2. 企业运营模式创新。企业在生产和运作模式方面需要创新，唯有在这种创新模式下才可以研发出自主创新品牌产品，才可以提升企业产品竞争力，才可以让自主创新品牌产品打入国际市场。

3. 企业管理制度需要创新。这样可以提升企业效率，让自主创新品牌产品快速发展。

第二，重视产品品牌创新，加快创新系列品牌建设。

1. 企业产品品牌的背后是企业创新资源，唯有创新品牌才可以提升企业的形象和市场的开拓，继而向国际品牌发展。

2. 企业自主创新品牌具有丰富的创新文化，需要通过很多创新营销呈现给广大的消费者，以此向大众推广企业创新文化内涵。

第三，整合企业人力物力资源，从发展战略高度加强企业自主创新品牌建设。

1. 企业需要高度重视自主创新品牌的发展战略。从发展规划到积极组织企业人力物力资源，企业需要充分发挥自身优势，着眼于国际市场，在增强全体员工的创新理念的同时，积极通过培训提升员工的知识产权意识，打造自主品牌创新的文化氛围。

2. 企业需要积极整合人力物力资源，加强创新平台建设。针对现有的人力物力资源进行重新规划，打造一个具有创新理念、运营高效的创新平台，然后确定国际化市场营销目标，以此调动全体员工在自主创新品牌发展的积极性。

2018 年中国自主品牌博览会江苏馆

3. 企业需要完善自主创新品牌产品的研发体系，健全竞争机制。企业在管理方面需要积极推进生产、学习、研发相结合的发展思路，积极与高等院校以及科研机构联系，让自主品牌获得高科技的强大支持，力争控制创新产品研发的风险，完善创新品牌产品的评估体系。

4. 加强人才队伍建设，为自主创新品牌产品打好基础。企业需要紧紧围绕自主创新品牌的发展战略来加强人才队伍的建设，通过员工培训、与高等院校联合、招聘引进等手段吸纳高科技人才，依托信息网络加强企业创新技术的发展，为自主创新品牌的研发打基础。

5. 企业需要加强信息化建设。当今时代是信息化时代，企业在一定程度上可以引领时代发展。唯有信息化的企业才可以让科技信息融入企业文化中，才可以让自主创新品牌在企业扎根发展。

总之，加快创新系列品牌建设标准需要企业在创新方面加倍努力，加强管理，努力做到从产品经济向品牌经济转型过渡。

六、完善企业社会责任

十九大报告提出要强化社会责任意识、规则意识、奉献意识，这三个意识同样也是企业的自我修养，在产品自主创新品牌、商业营销等方面同样需要正直向善，有社会担当，同样需要这份责任。

社会责任感是将社会责任从内心感受到付诸实施，要为社会的发展尽一份责任的切身体会。一家企业生产商业产品，而产品需要为社会服务，企业的每一位员工包括企业的董事长就需要有社会责任感。

社会责任感文化奠基人罗杰·康纳斯曾经说过：在激烈的企业

竞争中，企业要实现理想中的业绩目标，要想得到长足的发展，就应该将社会责任感企业文化渗透到企业的方方面面。社会责任感不需要企业选择，更不属于时尚，而是当今商业竞争对企业的一项要求。如果企业没有社会责任感，眼中只有商业利益，那么这家企业不会有发展前途，迟早会退出商业竞争的舞台。

企业责任感主要体现在以下几方面：

第一，企业首先需要增强法律意识，应该自觉遵守国家法律。

1. 企业需要依法向国家纳税。这是企业的首要社会责任，需要按时向国家缴纳税款，确保社会财富的再分配，这是企业应尽的社会责任。

2. 企业需要具有环境保护的责任。在保护环境方面，人人有责，企业更需要以身作则，切实做到在产品生产过程中不破坏环境。环境关系到每个人的身心健康和正常生活，企业需要为环境保护做贡献，这也是企业的社会良心。

3. 企业需要依法保障全体员工的工资。企业员工是社会的一分子，他们在为企业工作的同时，也需要在工资福利、养老保险等方面有保障，这是企业的社会责任。

第二，提升企业管理者素质，完善企业诚信系统，同样是企业的社会责任。

1. 企业的发展需要经济效益，但企业不能只顾经济利益而忽视社会责任。因此，加强对企业管理者的培训学习，提升企业管理者的综合素质，对完善企业社会责任感非常有必要。一个具有社会责任感的管理者才会造就一个伟大的企业，才可以让企业走向国际市场，成就世界品牌的产品。

2. 完善企业的诚信系统有助于企业在经营方面讲究诚信，而诚信本身就蕴含着巨大的经济价值和社会责任价值。企业在商业运作方面失去诚信，也就丧失了社会责任。制造产品偷工减料，甚至还通过造假货欺骗消费者，不仅没有社会责任感，还会触犯法律。

第三，加强法律规范和社会监督，完善企业社会责任感。

1. 对企业的运营和生产起到保护作用是法律的责任，但法律也同样需要对企业加强规范，从法律的角度来完善企业的社会责任感。企业管理者以及全体员工需要遵纪守法，加强和完善企业的社会责任感。

2. 对企业加强社会监督同样是完善其社会责任感的一部分。在环境保护及生产经营方面，需要社会加强对企业的监督，发现企业存在问题，及时向国家有关部门报告。比如食品安全、生产伪劣产品等，需要发挥社会监督作用，促使企业完善社会责任感。

总之，完善企业社会责任感有助于企业的发展，促使企业在社会服务、文化创造、自主创新品牌等方面对社会负责，只有让企业造福社会，企业才可以担负起历史的使命。

七、系列标准的制定

品牌建设需要标准化，这是国家经济建设和促进发展自主创新品牌的标准化建设的一部分，其最终目标就是建设自主创新品牌产品，力争将我国经济大国形象转变为经济强国的形象，将国家的产品经济转型为品牌经济。

品牌标准化是经济发展到一定程度之后的一个必然环节，需要通过标准的方式和手段，将企业生产、企业发展、消费者对品牌的意识有机结合起来，有效地促进企业向品牌经济转型，在提高自主

国际标准评价体系

产品品牌影响力和竞争力的同时，也将企业本身推向国际化市场。

（一）品牌系列标准的发展

进入21世纪之后，经济市场的竞争更加激烈和活跃，发展标准实施品牌化已经成为全国企业乃至全世界企业的发展目标。比如，麦当劳品牌，其企业品牌标准化已经成为国际化的典范，成为一种企业文化。只要提及麦当劳，麦当劳企业背后的经营产业以及服务就会出现在人们脑海里，这就是品牌形象。

2011年12月31日，中国国家质检总局、国家标准委员会发布《商业企业品牌评价与企业文化建设指南》首部品牌国家标准，这是世界上第一份国家级企业品牌评价标准，对企业品牌的发展和具体实施意义重大。

《商业企业品牌评价与企业文化建设指南》是针对企业品牌的建设成果的评价标准。其具体内容涉及企业自主创新品牌的核心价值、品质、影响力、企业文化内涵等品牌化行为方式，为企业由产品经济向品牌经济发展规划了标准，提供了多层次分级评价。

（二）品牌系列标准制定的重要性

1. 企业的发展需要遵循事物的发展规律，首先从自发开始走向混乱，再到有秩序，最终形成多元化格局。到这一层面之后，就需要标准化制定，否则将会为企业发展带来重大损失。比如美国的信息化经济发展，就造成多元化自由发展，导致标准不统一，接口不一致，为此浪费了巨大的经费开支，最终按照统一的标准化开始有序发展。这一点在我们中国也不乏先例，比如手机充电口，很多手机型号不一，导致充电接口不一样，浪费了很多的充电设备。如今，所有手机基本都统一了充电接口，方便了广大消费者的同时，也为企业发展节省了巨大开支。

2.品牌系列标准的制定是企业发展规范性要求。就国家而言，各个地区的民族不同，民族文化也有巨大差异；就国际而言，各个国家文化民俗之间的差异更大。品牌系列标准的制定，可以在企业品牌的互用性能、互通性能、兼容性能给予品牌多方面的概念规划，可以缓解国家与国家之间、地区与地区之间商品推广方面的壁垒，有效地避免企业之间的没有规则的竞争，为企业品牌的发展解决潜在的问题，促进企业品牌发展。

另外，品牌系列标准的制定可以制止无效的企业品牌经营行为，提高企业发展的效率。在企业发展方面避免让企业走进"死胡同"。

总之，企业发展到一定时期，国家的经济也会随之强大，接下来就需要由经济大国向经济强国转型，产业经济向品牌经济发展，而品牌系列标准化的制定就成为当前重要的问题。品牌国际标准、国家标准、行业标准、团体标准系列标准化的制定，可以让企业有话语权，快速踏上发展大道，让企业品牌有序走向国际化。

【本章小结】

在品牌标准制定过程中，一定要充分调查研究，严格程序，公正公平反映大多数企业的意愿，切忌武断专行流于形式，使标准简单、雷同，无法落实。

第五章

品牌思维：理论和教育体系

一、知识的重要性

科学技术是第一生产力，这一真理已经在人们的脑海里生根发芽。这一点，中国教育的状况最能说明问题。不管哪个层次的人们都注重孩子的教育。从学校门口看，每当各种招生开始时，从幼儿园到小学，再到初中、高中乃至大学，门口都是熙熙攘攘的人群，人们都在努力为自己的孩子选择好学校，力争让孩子在较好的教育环境下学习生活，成长为有知识的人才。从中可以看出教育的重要性，更可以体会到知识在人们心中的地位。

社会要发展，而发展就需要以知识作为动力，企业也是一样。一家企业的生产，首先需要人才。从每年的企业招聘会上可以看出企业对人才的渴求，从专科到本科，再到硕士、博士，对专业技术人才不断提出更高要求。企业需要发展，需要竞争，而这一切都需要人才作为基础。

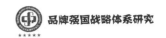
知识的重要性主要体现在以下几方面：

第一，知识是社会发展的动力。知识就是力量，社会的发展需要具有广博知识的人。相比之下，那些名牌大学高学历的人比较容易找到工作，并且待遇要比一般人高。这足以说明知识在发展中的重要性。

第二，知识可以造就人才，人才是科教兴国的基础。教育的任务就是为国家培养高素质的专业技术人才，提高我国整体竞争力。当今社会科学技术发展很快，没有高端技术人才就难以在高端产业取得成效，国家就难以在高新技术领域与其他国家展开竞争。想要让中华民族屹立于世界民族之林，实现民族复兴大业，必须着眼于高科技人才的培养。

第三，知识可以提高人的竞争力。企业的发展需要通过竞争手段来获得市场，企业竞争本身就是人才的竞争。高端人才具备竞争力，具有在自主创新品牌产品研发方面的能力，可以让高端产品的研发来迎合广大消费者的需求，然后通过竞争主动占领市场。

第四，知识可以让人变得情操高尚。社会的发展，包括企业的发展都需要高素质的人才，需要意志坚强的人，需要扎扎实实为国家社会做贡献的人，而这样的人需要知识来造就。相反，一些不学无术的小混混，只能给社会的发展"拉倒车"。因此，社会需要知识，国家需要知识，企业也需要知识。

第五，知识可以提高团体凝聚力。有知识的人更懂得团体凝聚力的重要性，了解团结的重要意义。一个国家，一个企业，凝聚力是其发展的根本，是竞争的基础所在，而这都需要有知识的人。

总之，知识是造就高素质、高技术人才的基础。没有知识，社会的发展无从谈起，国家更没有发展的动力和竞争力。唯有加强教育的投入和重视高科技人才的培养，国家的发展才会有前进的动力。

二、什么是产品思维

产品思维，是指产品经理做好与产品有关的业务工作的一种思维方式。其实，产品思维的内涵和外延以及产品思维的定位关系，企业人士具有产品思维的重要性等，涉及很多方面。

第一，消费者是企业的"上帝"，企业需要站在消费者的立场上考虑问题。对于企业生产的产品，唯有消费者的需求才可以让产品生产变为可能，才可以体现产品的价值。

1. 从一定程度上说，产品思维就是消费者思维。从生产项目的定位开始，企业就需要针对广大消费者展开需求调研，根据调研的结果来确定产品的核心定位，确定产品的研发和设计。

2. 必要时，自主创新品牌产品的研发需要对消费者的需求进行更加深层次的了解，消费者的需求理念是随着时代发展而变化的，因此，企业的产品思维也需要及时修正。

第二，企业自主品牌创新产品的核心价值掌握。对于企业研发的产品，企业本身需要做出合理化分析，对其核心价值做出恰如其分的定位。

1. 产品概念的定位：产品核心价值的本质的定位是一种复杂的共性，需要根据这种共性去努力。不同的消费者有不同的想法，就需要从不同消费者想法中去搜寻共性，根据这种共性来给产品定位。比如微信，几乎人人都在用，但每个人对微信的用法不一样。有人主要用微信聊天，有人则是玩游戏，有人是为了转账消费，有人则是为了"摇一摇"，还有人玩微信是为了发公众号，等等，但微信的"研发制造者"从许许多多消费者的不同想法里寻找到了"共性"，最终实现了产品销售的成功。

2. 给产品的核心价值定位。企业产品的研发需要产品自身的核心价值，即对于广大消费者来说是不是迎合了需求，也就是从不同消费者的不同需求中定位产品的核心价值，让广大消费者认可产品，并且在使用过程中感觉产品在生活中不可或缺。至此，产品的核心价值才得以实现。

第三，企业管理者求真务实的作风精神。管理企业和研发产品，都需要求真务实的实干精神，在具体实施过程中需要针对不同的问题去研讨精准的解决方案，这样企业才具备发展的基础，自主创新品牌产品才具有研发销售的可能。

1. 在企业管理方面，需要真抓实干。在企业运营、产品的研发与营销等方面，需要定位合适的人选。对于不称职的员工，管理者需要及时调换。

2. 及时与消费者沟通，认真分析广大消费者的需求，并针对不同的需求加以分析，最终制订合理的解决方案。

3. 针对企业的自主创新品牌产品的研发团队，需要及时了解团队的工作流程，研发产品的方向是不是符合广大消费者的需求。

第四，对自主品牌创新产品的负责精神。对于企业的研发产品，产品经理需要对其生命周期全权负责，从消费者需求中搜寻研发产品的共性，然后定位研发，到产品生产之后的营销，以及产品的实用性、质量等全方位负责。

1. 产品责任人需要对研发团队负责，这样才可以增强产品研发团队的工作效率，这样的研发团队才可以对产品负责。

2. 需要对产品负责。从产品的研发到销售，再到广大用户对产品的反馈意见，都需要认真研究，及时对产品实施修正，促成产品成为广大消费者生活中不可缺少的一部分。

总之，"产品思维"的培养需要长时间对产品认真负责态度的积累，需要从真正意义上领会企业自主创新品牌产品在研发、营销、消费者使用流程中的问题，能够对企业产品研发团队的初衷、不同消费者对产品使用的不同反馈加以认真分析。唯有认真负责的态度才可以发现消费者隐藏的需求，找到产品的核心价值所在，提高产品竞争力的同时，也让企业在同行业中提升了竞争力。

三、营销≠品牌

商业经济领域里，营销与品牌属于两个不同的概念，在一定程度上二者又是相辅相成的。在商业流程领域中，营销和品牌又存在互相促进的关系。

营销就是将商品形象通过不同的宣传手段刻印到消费者的心中，让消费者对产品的形象、价值、用途有全面的了解，让消费者对商品的外观、文化特征认可并愿意接受。这个过程中，品牌可以起到重要作用。假如产品被消费者接受，首先接受的是产品的外观和功能，接下来这个产品的品牌背后的文化信息就会进入消费者的心目中，形成品牌形象。这个形象的好坏，直接影响到产品的下一步营销。

品牌营销的关键是要为品牌搜寻消费者的差异化个性，让广大消费者充分认识到品牌产品的核心价值所在，并让品牌在消费者心中具备较大的影响力。营销做到这种程度，品牌的影响力就显现出来，品牌即转化成为名牌，成为广大消费者追捧的对象。做到这一步，不仅要求产品在质量上得到广大消费者的认可，在产品包装、实用理念、售后服务等方面也需要得到广大消费者的满意。尤其是售后服务，广大消费者往往喜欢对产品负责到底的企业商家，而对于那些"购买之前自己是大爷、购买之后商家是大爷"的做法非常痛恨。相比之下，广大消费者对于产品营销之后"负责到底"的做法更感兴趣，更认可这种产品品牌的形象，认为这样的企业品牌符合自己的长远利益，值得收藏在心中并到处为产品做宣传。这样一来，产品的品牌就在广大消费者心中成为"高大上"的形象，成为名副其实的名牌。

品牌成为名牌之后，就成为企业、产品以及服务的一种形象标志，更成为企业综合实力和运营的无形资产。品牌形象在广大消费者心目中的地位高低，直接影响到产品生产企业在社会中的地位。比如海尔电器，海尔企业管理者通过在产品质量以及售后服务一系列领域的严格把关和高品质的服务，最终赢得了广大消费者的认可，在消费者心中形成了"海尔文化"，让海尔品牌成为中国乃至世界名牌。国际著名广告大师大卫·奥格威对品牌这样定位："品牌是一种错综复杂的象征，它是品牌属性、名称、包装、价格、历史声誉、广告方式的无形总和。品牌同时也因消费者对其使用的印象，以及自身的经验而有所界定。"

以上足以说明营销与品牌属于相辅相成的关系。从产品研发到营销，都需要严格的宣传推广过程，而宣传推广的过程需要营销人员在效率、费用各方面达到最大化，尽最大努力赢取广大消费者的认可，而售后服务方面也不可以等闲视之，服务质量好并且要持之以恒，才能让广大消费者放心购买产品，让品牌产品的文化形象变成"高大上"，进而成为名牌。

当产品品牌形成名牌效应之后，产品的营销就会变得"轻而易举"。不过，需要提醒的是，此时企业在营销服务以及售后服务上依然不可以松懈，依然需要持之以恒地坚持优质服务，维护品牌形象，避免让品牌的"高大上"形象受到损害。这样一来，企业产品的营销与品牌就进入良性循环的状态，企业的竞争力也得到了大幅度提升。

四、建设国家品牌专家智库

中国品牌建设促进会与中国国家品牌网联合主办了"心矛"国家品牌智库研讨会。新华通讯社组建了有顶级品牌专家参加的"民族品牌专家"委员会对经济的建设进行了研究探讨。

当前，中国正在从经济大国向经济强国迈进转型，而企业也正在由产品经济向品牌经济转化，国家的品牌建设已经成为经济发展的头等大事，需要社会各界及科研机构、高等院校加强对品牌发展理念运营的解读。值得说明的是，当前国内对于品牌经济的发展理论都是经过国外理论翻译和引申的，在品牌与营销之间和中国经济发展实际情况与企业发展实际需求之间都存在巨大的平台缺位。换句话说，中国品牌经济理论亟须充实和定位，因为只有在理论上成立才可以将品牌经济理念付诸实施。这样一来，国家品牌专家智库的建设就成为国家品牌经济建设的重要一环。

今后将紧紧围绕中国品牌经济建设的理论需求，加强品牌理论建设性研究和探讨，并积极向品牌经济建设中的企业提供高水准的理论服务，推动中国品牌经济的建设发展。国家品牌智库的建设，将中国品牌发展建设理论与具有实践经验的专业人士集中在一起，力争造就一批能够为中国从经济大国向经济强国、企业从产品经济向品牌经济过渡起到担当作用的智力团体，担负起这一重大的历史使命，让中国品牌走向国际市场。

品牌智库在今后的建设中，有关部门需要在以下几方面做出努力：

第一，国家需要在品牌理论建设方面给予足够的重视。品牌理论在中国制造向中国品牌升级过程中起到理论引导作用。品牌经济理论需要国家政策的支持。企业在产品经济向品牌经济过渡过程中，各方面的理念都需重新整合，力求经得起时间的检验。

第二，品牌理论建设需要持之以恒，切不可急功近利，"欲速而不达"。经济的发展需要科技的支持，更需要长期的投入。品牌理论需要在实践中慢慢摸索，然后将发展经验总结成为理论，最终让理论引导实际经济建设。如果企业建设急功近利，重视利益的发展而轻视品牌的塑造，势必让中国品牌理论建设变成不适合经济发展的"空洞理论"，难以在企业产品创新、营销方式引导方面起到引导作用。

第三，中国的品牌理论建设需要依托互联网的发展。众所周知，中国互联网科技的发展取得了举世瞩目的成就，已经走在世界前列。品牌经济的发展属于经济文化的集中体现，而国际化的商业文化需要针对不同国家、不同民族的文化有所区别，进而得到发展。互联网技术在这方面具备很多独到的优势，因此需要借助互联网的发展经验，集思广益，建立品牌理论，在理论建设中不断更新理念，推动中国经济走向世界。

总之，国家需要从经济大国向经济强国发展，企业需要从产品经济向品牌经济转型，这都需要品牌理论的引导。

五、培养企业操盘的"品牌总监""首席品牌官"

企业在品牌经济建设中，需要根据实际情况及时培养建立操盘的"品牌总监"及"首席品牌官"，力争在人选方面寻找具有专业知识的人才，能够体现企业对品牌经济建设的重视，更可以让这些品牌经济引导者切实做到能够为企业自主创新品牌产品的研发、营销起到引导监督作用。

在概念上，"品牌总监"与"首席品牌官"属于一个范畴，都是为企业的品牌经济发展服务的，都是专门负责自主创新品牌产品运营研发、营销推广的高级官员，能够在一定程度上代表企业形象。

"品牌总监"和"首席品牌官"是实施品牌经济的产物，负责企业品牌产品设计和企业品牌资产经营的责任。在经济发展竞争日趋激烈的当今时代，企业"品牌总监""首席品牌官"的培养对企业品牌经济的发展至关重要。

第一，企业品牌不仅是一家企业的标志代码，更是产品营销的载体。品牌经济管理需要有专业管理者将产品层次、文化内涵、服务质量等因素全面地整合，力求品牌经济快速发展。这就需要"品牌总监"和"首席品牌官"的培养和建设。

第二，"品牌总监"和"首席品牌官"的培养建立关系到企业，能否从产品经济向品牌经济转型，以及企业品牌建设的战略发展。

第三，"品牌总监"和"首席品牌官"的培养建设，可以在其周围吸纳一批品牌经济专业人才，进而造就一支高层次的品牌经济团队。从企业自主创新品牌产品的研发设计、营销推广等，都可以及时起到引导作用，加速企业品牌管理系统工程的全面引导和推进。

第四，为企业培养建设"品牌总监"和"首席品牌官"，可以

品牌总监证书

首席品牌官证书

为企业品牌价值起到维护作用。相反，没有品牌维护管理组织的企业，难以在品牌建设中获得长足发展，主要体现在以下两点：

1. 企业的品牌经济建设需要时刻维护，避免进入无监管状态，那样对企业品牌经济的发展非常不利。

2. 企业品牌经济战略发展过程中，需要"品牌总监"及"首席品牌官"积极督导和推进，及时发现品牌建设中的问题，及时解决。

对于"品牌总监""首席品牌官"的培养和建设，不断引起业内人士的关注，从培训到研修以及举办各种活动，企业都在积极探索品牌经济建设中的重要问题，由中国商业联合会、国家工信部人才交流中心主办，五洲天宇认证中心、五洲创意施教的"品牌总监"和"首席品牌官"培训，受到各界的欢迎。系列课程的开设，为企业品牌建设开创了先例。随着世界品牌经济专业人士对品牌经济理论建设的关注，"品牌总监"和"首席品牌官"的建设越来越受到国内企业和一些跨国企业的重视。

总之，"品牌总监"和"首席品牌官"有助于企业品牌经济的发展。在未来经济发展中，消费者正在由初始消费向品牌消费转化，未来的商业市场将会杜绝非品牌商品进入，这就对品牌经济建设提出了更高的要求。随着品牌经济理念的不断深入和加强，品牌商业经济时代将会很快到来。

六、怎样改变品牌思维

随着商业经济中品牌理念的不断加强，人们的品牌意识也在不断更新和发展，从企业品牌到市场上的产品品牌，都在推动广大消费者去构建品牌思维，用品牌思维方式来引导购物，对商品加以评价。这样一来，就会让品牌营销人员产生疑问：我的品牌产品苦心经营这么长时间，怎么还无法与一个新品牌产品竞争？而那个新品牌产品为什么会在短时间内火爆成为名牌？

解决这些问题，就需要考虑广大消费者的品牌思维方式，唯其如此，才可以对症下药来做品牌产品的营销，才可以让你的品牌产品在广大消费者心目中深深地扎下根，让他们成为你品牌产品的忠实消费者。

英国著名企业家杜蕾斯在两性用品方面打造出了世界名牌。这个品牌历经80年的市场经济浪潮的冲击依然卓越。杜蕾斯品牌已经成为卓越品牌的代名词，让很多企业家羡慕不已，成为改变品牌思维模式的典范。

后来，在品牌建设方面，美国学者玛格丽特·马克与卡罗·比尔森总结了12种品牌人格原型，他认为，具有生命力的长寿品牌绝对具有人格原型。也就是说，人的品牌思维要想改变，需要品牌营销者根据不同的人格原型来给品牌产品定位。

第一种人格：世界上的规矩就是用来破坏的。这类人性格思想难以做到安分守己，时刻想着打破旧观念营造新事物。迎合此类人的产品就是苹果。随着苹果产品的不断更新换代，此类性格的人也乐于去购买花样翻新的苹果手机产品。

第二种人格：崇尚真善美，相信人生处处充满美好。这类人对品牌产品的忠诚往往始终不渝。比如美国的迪士尼品牌，不用改变内容，始终如一，依然得到很多消费者的喜欢。

第三种人格：内心永远充满热情，对品牌有一种情人的感觉。比如维密等品牌，都属于这种个性，为此类人所钟爱。

第四种人格：具有探险家一般的性格，人生都在寻找自我。比如雪花牌啤酒，就在一定程度上迎合了此类人的个性，一直受到特定消费者的喜欢。

第五种人格：内心永远充满创作的思维模式，永远在人生的探索之中。比如发明随身听的索尼，就得到了此类人的喜欢。

第六种人格：内心永远充满爱心，总是以妈妈的身份来体贴朋友。比如很多护理品牌，都是以关怀别人的形象出现，让消费者备感亲切。

第七种人格：自信心理比较强，坚信上苍是公平的。此类品牌有娃哈哈等，品牌定位就是针对此类人。

第八种人格：具备英雄一般的品行，坚毅而果断。此类品牌有耐克等。

第九种人格：个性霸气，崇尚权力。比如劳力士名表，似乎永远都是手表业的"帝王"。

第十种人格：喜欢玩，似乎永远长不大，人生就是为了玩。比如杜蕾斯品牌。

第十一种人格：希望世界发生改变，总感觉世界有超能力。比如 Uber 品牌，似乎总在引导消费者改变认知。

第十二种人格：知识分子，什么时候都相信自己的判断。比如知乎品牌，总能够让知识分子感觉是自己的产品。

品牌像人的性格一样，而成功的品牌，似乎总是符合某些人的个性。因此，想要让品牌思维改变，首先需要研究品牌个性定位，然后再寻找自主创新品牌产品研发的突破口。

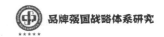

七、打破认知的边界

品牌建设也需要打破认知的边界，这样才可以获得新的认知，才可以让企业发展。企业在自主创新品牌产品研发过程中，同样需要打破认知的边界，不然从理念上难以做到创新，唯有创新的理念才可以研发出创新的产品，才可以让产品的品牌走向辉煌。

打破认知需要两个阶段：

第一阶段：首先需要确定自己的认知边界，然后估计自己的能力。这个阶段属于打破认知边界的起始阶段。

（一）认真分析自己的能力

中国有句俗语：人贵有自知之明，即人首先要了解自己。这句话富有人生哲理，但一般人很难做到。很多人遇到一些事就难以分析自己的真实能力。按照官场的话说，说话需要注意自己的身份，要清楚自己的能力。

在企业发展中，需要企业在自主创新品牌产品研发之前，首先对企业内部全体员工的能力有个清楚的认识。假如感觉能力不够，就需要到科研机构去聘请，以此积攒能力。

（二）培训总结

企业通过培训的形式在向全体员工传送业务技能的同时，也传递着知识能力。员工通过培训学习和总结，感觉到自己在认知方面的差距，然后才会想办法学习新知识，去打破认知的边界。

第二阶段：打破认知边界需要了解自身的实际情况。个人的情况不同，需要根据各自的实际情况来选择适合自己发展的方法。

（一）学会询问，从别人的回答中寻找突破口

企业品牌经济的发展，需要及时向一些人询问，向消费者，向

企业产品营销员工，向产品研发者……从这些人的回答中，可以寻找到企业自主创新品牌产品走向成功的答案。比如以下问题：

（针对营销员工）我们本年度的销售业绩怎么会这样差？您感觉是哪方面的问题？

（针对消费者）您感觉我们的产品哪方面获得了您的认可？您和你朋友对我们的产品如何评价？

（针对企业研发岗位员工）您感觉我们的产品哪些方面需要改进？您和消费者沟通过没有？

……

从这些问题的回答中，企业管理者可以了解到产品存在的问题，以及在产品营销过程中存在的问题。根据这些信息数据，企业管理者需要想办法打破自己在产品运营中的认知观念，对自主创新品牌产品做调整，让品牌产品迎合广大消费者需求，进而形成品牌影响力，走向品牌经济发展的轨道。

（二）多学习知识，让打破认知边界成为必然

当今社会是科学知识爆发的年代，唯有积极学习知识才可以打破当前的认知边界。企业由产品经济向品牌经济发展，需要品牌经济的理论知识。如果企业管理者能够潜心认真研读，自然就让认知的边界“不攻自破”了。

总之，国家从经济大国向经济强国发展，企业就需要从产品经济向品牌经济发展，这个过程需要在观念上打破原先的认知边界，让人本身的知识理念有新的突破。这样，企业的发展才会有突破，才会有大的飞跃，才能让企业实现升级，在提高生产业绩的同时，实现从产品经济向品牌经济的转型，进而走向国际市场。

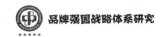

八、大专院校设立品牌学科

品牌经济已经成为当前企业发展的一个目标，而当前品牌管理方面人才缺乏，并且在理论方面也不专业，因此，国家需要在高等院校设立品牌学科，以此提高中国品牌经济管理方面的水准。

品牌经济的发展首先需要理论的支撑，然后才可以付诸实践，才可以让企业在实际工作中纳入品牌经济发展的轨道。品牌经济管理人员，首先需要了解品牌产品市场营销、广告宣传推广、企业品牌经济管理等方面的专业知识技能，还需要对品牌经济理论有深刻的研究。唯有这样的人才引领，企业才可以踏上品牌经济发展的大道。因此，企业品牌管理人员需要专业化，品牌管理人员需要掌握系统化技能，所有这一切，都亟须我国在高等院校开设品牌学科，这是一条培养品牌经济发展人才最快的途径。

第一，在高等院校开设品牌学科，符合国家教育制度。

在国家高等院校开设品牌学科，可以更好地落实国家经济大国向经济强国发展的战略目标，提升企业品牌管理水平，是适应国家经济发展的举措，可以满足社会发展对人才的需求。

第二，当前形势下，在国家高等院校设立品牌学科的条件已经具备。首先，我国的品牌理论发展已经初具规模。比如，品牌经济学家艾丰的专著《名牌论》、笔者的专著《品牌总论》，揭示了品牌经济发展的规律，为我国品牌经济发展提供了理论指导。另外，我国很多高等院校在品牌经济理论中也有很多论文发表，在品牌经济方面有了一定的理论基础。

第三，有利于解决当前我国品牌经济人才缺乏的现状，对我们品牌经济的发展起到至关重要的作用。当前，很多企业面临从产品经济向品牌经济转型，造成很多品牌管理人才不专业，整体素质不高。国家高等院校开设品牌经济课程，可以让企业有关员工及时参加培训学习，提高自身品牌管理水平和业务知识，适应企业发展的需要。

总之，在国家高等院校开设品牌经济学科专业，有助于国家经济的发展，更有助于企业从产品经济向品牌经济的转型。另外，在国家经济多元共生和可持续发展方面，高等院校开设品牌经济学科也可以起到关键作用。品牌经济学科涉及内容广泛，包括针对当前部分商业理念的改造和拓宽，以及逐步建设完善的品牌管理体系，提高我国企业品牌管理的整体水准。

经过多方的呼吁，部分高等院校对品牌学科的设立已进入准备状态。比如，北京市部分政协委员呼吁在北京部分高等院校设立品牌经济学科后，北京市正在着手准备。这说明，国家倡导的大专院校设立品牌学科的提议正在实施，品牌学科专业人才很快就会应运而生，企业品牌经济发展会在专业人才的引导下踏上正轨，"中国产业品牌化，品牌中国产业化"的宏伟蓝图正在一步步付诸实践。

【本章小结】

国家相关部门应尽快组织国际、国内权威专家，召开不同层级的论坛、研讨会，把品牌的基础理论弄清楚，把品牌的基本认知统一起来，避免将品牌认识简单化、狭隘化、偏颇化。

大专院校要尽快开设品牌学科，培养专业人才。

第六章
品牌管理：完善品牌管理体系

一、建立品牌价值观

品牌价值观就是品牌产品在运营经销的过程中向广大消费者推广宣传的品牌核心价值和基本信念，需要品牌产品经营者以所推崇的品牌产品文化价值来判断，是品牌文化的核心部分。品牌价值观在一定程度上能够决定品牌的意义、品牌未来发展方向、企业文化模式等诸多因素。

品牌价值观是品牌文化、企业文化的核心基础，是企业发展的代名词，具有以下几个特点：

（一）共享特性

品牌价值观属于企业全体员工共同努力的结果，为企业所有员工所倡导和追寻，是企业所有员工的凝聚力核心，是员工工作的精神支柱。品牌价值观的共享特征体现在企业全体员工在日常生活和工作中对品牌形象的维护上。

（二）稳定特性

企业品牌核心价值观形成之后将会长期且稳定地为企业发展以及员工人生的发展发挥作用，会成为一种思想道德体系为企业广大员工所信奉。

（三）实践特性

企业品牌核心价值观来自企业的运营过程，来自品牌产品的生产和营销，只能在具体运营中去体会。因此，企业品牌价值观具有巨大的经济效益和社会效益，为广大消费者所认同。

（四）控制特性

企业品牌价值观形成一种意识之后，将会从思想文化方面掌控企业全体员工的行为方向。相比企业的管理制度，企业品牌价值观似乎更加具有内涵，更具有说服力，能够更加长久地掌控企业员工的所作所为。

比如苹果公司，苹果品牌的核心价值观已经超越了苹果公司管理层对员工的约束。由于苹果公司品牌运营的成功，让品牌名扬天下，苹果公司的员工内心都有一种无比的自豪感，在消费者提及品牌产品的时候，员工都在自觉地维护苹果品牌的形象，并在生活工作中严格要求自己，力争不让自己的所作所为影响到苹果品牌的声誉。

当前，中国企业在品牌经济建设中需要积极致力于品牌价值观的建设，通过企业品牌价值观的建设来提高企业员工乃至全体中国人的品牌意识。

中国品牌价值的建设需要在以下几方面努力：

第一，将人类通用价值观融入企业品牌价值观，可采取问卷调查形式、内容分析、访谈模式展开探讨，向中国企业管理者推广企

业建立品牌价值观的重要作用。

1. 世界上不少国家对于中国的印象大多是传统和保守，因此，中国的企业品牌价值观建设就需要突破传统和保守，完成品牌产业的自我超越。

2. 通过广告宣传手段向消费者传播企业产品品牌的核心价值内容，在完成产品品牌自我超越的基础上，努力体现多元文化内涵，让中国品牌吸纳世界各民族的文化因素，力争成为国际化品牌。

3. 中国品牌经济产业要走向国际化，必须在品牌价值观思想意识中蕴含世界其他民族的文化因素，让世界其他国家民族接受中国品牌价值，进而让中国品牌产品走向世界。

第二，中国自主品牌价值观的有效建设，需要在"乐于改变""自我超越和提升"上有所突破，才能让中国自主品牌产品赢得全球市场广大消费者的青睐，让中国品牌价值观的思想融入世界其他民族思想意识之中，完成自我超越。

总之，中国企业品牌价值观的建设属于思想意识建设范畴，需要企业管理者从思想上高度重视，需要站在国际化角度全面考虑，最终建立国际化的中国自主品牌价值观，继而让中国品牌产品走向国际市场。

二、设计品牌架构

企业产品品牌架构需要从两方面分析，即企业在生产运营方面需要多少个品牌，各个品牌的文化范畴有什么联系。企业品牌是一种思想意识范畴的无形资产，如果合理运营，可以增值；假如在品牌运营过程中没有信誉，更不追求产品质量和售后服务，就会让品牌价值降低甚至一文不值。比如，苹果品牌，在不断更新的产品中，除了具有不同层次的更替之外，苹果品牌的核心价值因为产品更新换代越来越升值，让品牌在消费者心目中越来越"高大上"，成为商人追求的目标，让苹果品牌成为世界名牌。

中国很多企业在品牌架构发展战略方面存在错误认识，没有合理正确运营品牌产品，重视品牌产品的宣传推广，忽视了品牌产品的内在质量服务管理建设，以次充优，造成品牌危机。

品牌建设是一种思想范畴建设，需要企业管理者从产品生产到产品销售，再到产品的售后服务等一系列过程中给予消费者良好的印象，让消费者从内心信赖产品，在思想上对产品品牌厂商产生良好印象。在诸多消费者良好印象积累下，品牌形象也就树立起来了。下一步，需要企业在自主品牌产品运营过程中维护品牌的形象，力争实现品牌的增值。不仅要在广告宣传方面加大力度，还需要在品牌产品质量和创新方面努力建设，做好品牌产品的更新换代研发。时代在发展，科学技术也在发展，人们的思想以及消费观念都在变化，品牌产品也需要随之更新换代。比如苹果公司，品牌产品随着科学技术的发展不断更新换代，另外还在高质量、高品位、高服务方面让广大消费者折服，实现苹果品牌增值的同时，也让品牌公司成为国际化大企业。

中国企业在品牌建设发展过程中，品牌架构的设计基本模式是，在自主品牌产品运营策略背后架设品牌策略，让品牌策略来整合产品运营、企业人事安排调整、品牌产品推广营销、售后服务……通过一系列的运营活动，建立起品牌形象。也就是说，品牌架构就是以产品品牌为中心去组织一系列商业活动，努力提升品牌形象。

在企业具体品牌架构的设计中，往往会遇到许多问题：

1. 企业规模的扩展让组织运营变得复杂，影响品牌商业运营效率。比如，企业创始在北京，后来在全国各地发展了诸多分公司。这样一来，品牌架构的具体运营就需要诸多企业管理者，因此在运营方面出现效率低下的问题，影响品牌架构的设计。

2. 企业的品牌单一化，没有随着时代的发展、科学技术的进步去更新换代。这是中国企业发展中品牌架构的严重弊病，难以像苹果公司那样不断在品牌产品方面跟随世界科技发展的步伐。企业品牌建设，只有让品牌不落后于时代，不落于与人们的消费意识，才能让品牌架构的模式永远走在世界的前列。

总之，企业品牌架构模式在设计方面需要企业管理者综合多方面因素，积极谋划，加强品牌产品运营管理，让品牌成为企业文化的良好"代言"。

三、加强品牌建设质量提升

企业在品牌建设过程中需要重视品牌的核心价值理念，这是企业文化的内涵。品牌建设需要以品牌产品质量为基础，以营销推广为手段，以品牌产品售后服务质量为保障，才可以让品牌建设走向成功，让企业发展日新月异。

第一，品牌建设对产业结构的优化起到重要作用。

企业的品牌建设，首先要从内部管理开始，重视科技创新人才的招聘和培养。接下来，自主品牌的研发进入工作流程，从消费者需求调研到品牌产品的研发定位、产品高质量生产、广告推广营销、品牌售后服务……一系列的活动建设都需要在质量方面有所提升，否则，品牌的建设就会前功尽弃。比如，高质量的品牌产品加上优质的广告宣传推广，让品牌产品走进了广大消费者的生活中，可是，假如品牌产品的售后服务做得一塌糊涂，肯定会让消费者大跌眼镜，最终让品牌建设功亏一篑。

因此，企业品牌建设的一系列活动，包括企业管理与产业结构，都必须提升质量，才可以保证品牌建设的成功。

第二，企业品牌建设，质量提升是基础。

在企业品牌建设过程中，品牌产品从研发到生产，都要在质量方面让广大消费者满意。只有高质量的产品和服务，才能营造高质量的品牌。企业需要积极学习和研讨国家高质量标准，在企业品牌产品的定位生产中，加紧高标准化建设。在运营方式方面，引进高质量的国际品牌企业运营模式，从品牌产品的设计上促使品质的提升，最终让企业的服务品质来成就品牌的形象。企业品牌建设质量与品牌形象相辅相成，最终让品牌建设走向成功。

第三，品牌建设需要始终如一坚持以市场为主导，市场是检验品牌质量的砝码。

企业自主品牌产品的研发和生产，都需要以广大消费者的需求为出发点，而广大消费者本身就是市场的导向。品牌产品能否经受住市场的考验，关键就看品牌产品是否迎合了广大消费者的心理。

第四，高素质、高技术人才是品牌建设的动力，也是提高品牌产品质量的保证。

企业品牌建设需要核心竞争力的加强，需要企业在自主品牌创新能力方面加强科技人才的引进，高新技术可以让品牌产品的质量经得住市场浪潮的冲击，经得住时代的考验。

总之，企业的品牌建设需要在企业内部管理、品牌产品质量以及售后服务等方面提升质量，确保品牌建设成功，让企业品牌走进

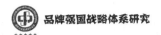
国际市场，为经济大国向经济强国的发展做出贡献。

四、与国际接轨的品牌认证

企业产品品牌认证是指某些经济权威机构为企业品牌产品运营代理商提供的一项服务举措，可以通过对某家企业自主品牌产品的认可，让其在商业运营中获得正规营业执照。

企业品牌认证对于企业的发展具有重要的意义。

第一，品牌认证的商品可以提高影响力，让商品的卖点更多，更能获得广大消费者的认可。经济权威机构对商品的认证可以让商品的功效得到确认，把商品的亮点展示给消费者。

第二，产品品牌认证可以让广大消费者更加信赖产品，在一定程度上引导消费者去认购，在提高品牌产品的销售业绩的同时，也提升了消费者对品牌背后文化理念的了解。

第三，企业品牌获得认证之后，企业在品牌建设中会增强信心。企业品牌经权威机构认证，就是品牌产品的运营获得了认可，企业对于品牌产品付出的努力得到了肯定，对企业今后的战略发展大有益处。

当前，我国在品牌认证方面已经取得长足发展。国家标准《商

品牌认证

业企业品牌评价与企业文化建设指南》于2012年2月1日起实施。这是我国首部关于企业品牌评价与企业文化建设的国家标准，内容涉及企业产品的运营能力、品牌产品品质、品牌影响力、品牌文化即企业文化等多项指标，通过不同的等级给予企业运营实施认证。

企业通过品牌认证可以将认证标志印在产品包装上，传递信任，从而提高品牌运营的效率。让企业获得向广大消费者推广的资格，进而提高品牌生产和服务质量，将企业品牌建设努力推向国际市场，与国际接轨，为企业品牌产品进入国际市场做准备。

企业品牌认证与国际接轨有助于企业品牌向国际市场发展，对中国制造向中国品牌经济发展意义重大。

其一，与国际接轨的品牌认证，可以让中国经济立足于国际市场的高度来发展，让中国经济成为世界经济不可缺少的一部分，为中国企业品牌产品进入国际市场打下坚实的基础。

其二，与国际接轨的品牌认证，能够让企业在自主创新品牌产品研发中就瞄准国际市场的标准，让品牌产品在运营中处处体现国际标准，实现从产品经济向品牌经济的转型。

总之，与国际接轨的品牌认证为中国由经济大国向世界经济强国发展奠定了基础。

五、建立品牌组合战略

品牌组合战略，就是通过一系列方法对当前的品牌产品实施组合调整，通过分析和研究，从中寻找在品牌产品组合发展方面存在的问题。简单地说，品牌组合战略就是从战略的高度来加强对企业品牌组合的管理。

美国品牌经济专家戴维·阿克在著作《品牌组合战略》中这样给品牌组合战略定位：企业组织管辖之内的所有品牌才可以称作品牌组合，品牌组合涉及企业运营的主品牌、子品牌、联合品牌等，另外还可以与涉及企业外部有联系的品牌，将这些品牌加以有效的管理，通过系列活动，比如品牌化公益活动、名人代言等，将品牌产品组合推广，加深品牌文化在广大消费者心目中的渗透作用。

建立品牌组合战略的优势体现在以下几方面：

第一，品牌组合不仅可以研发和利用企业旗下的各个品牌产品，还可以涉及不属于企业组织下的产品，扩大品牌产业的影响力和品牌文化魅力。

第二，企业组织多个品牌产品的作用不是为了竞争，而是通过组合多个品牌来提升品牌产品的整体竞争力。在市场经济大潮的冲击下，单个品牌竞争力明显弱小，品牌组合的"品牌航母"才可以乘风破浪，最终到达成功的彼岸。

第三，品牌组合之后，可以加强对品牌产品运营的管理，在产品质量和营销服务、售后服务等方面提高质量。

品牌组合是企业发展的必由之路，品牌经济需要通过品牌组合的战略经营来实现并扩大影响。在建立品牌组合战略中，企业需要考虑以下几方面的因素：

1.品牌产品体系的建立。对于企业属下的诸多品牌产品，需要通过重新调整的办法实施组合，有时候需要将主品牌降级为次品牌，有时候次品牌的影响大，可升级成为主品牌。总之，公司需要随时调整组合品牌，加强产品品牌的推广，提高品牌产业在市场上的影响力。

2.品牌组合中，通过品牌地位来加强对品牌产品的监管。为了企业的品牌发展，在时代背景和科学技术的要求下，有时候将某个品牌定位成战略发展品牌，就需要从资金投入和技术扶持等方面加强对该品牌产品的发展，最终让该品牌产品成为企业品牌组合中的"领头羊"，让品牌产品获得进一步发展。

3. 品牌组合可以优化品牌产品结构。通过品牌组合，让品牌产品发展向更高更强的国际化方向发展，增强品牌整体影响力。

不过，品牌组合也需要着眼于品牌产业的发展战略，不可以在产品组合过程中掺杂私心杂念，借机发展对自己有利的产品，排斥对自己不利的产品，那样会形成企业发展的阻力，影响企业品牌建设的宏伟蓝图。

六、建设品牌社群

品牌社群，就是在品牌产品与消费者之间建立虚拟的、非事实地理上的社区。这样可以让企业品牌产业管理者及时了解广大消费者对品牌产品的看法，加强企业管理者与消费者之间的沟通，有助于企业品牌产业的发展。

品牌社群的概念源于1974年美国历史学家布尔斯廷对历史的研究。美国工业革命之后的消费领域逐渐引入了品牌社群的概念，意思是从聚集一起的人与人之间的关系演变成为商业领域中适用某一产品品牌的人与人的关系。随着全球商品市场的兴起，品牌社群已经成为工商业发展尤其是品牌经济发展中的一个重大课题，需要企业品牌产品经营者积极面对品牌市场的理念，努力建设品牌社群。

品牌社群的建设对企业发展具有以下几方面的意义：

第一，品牌社群的建设可以加强广大消费者与企业品牌产品管

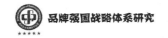
理者的联系。

在当今市场经济大潮下，消费者与品牌产品经营者的关系不断加强，这种局面是企业品牌产业相互竞争造成的。企业想要在竞争中获得优势，必须加强与广大消费者之间的联系，及时培养忠实的品牌产品认购客户，只有这样才能在经济大潮中稳步前进。

第二，品牌社群的建设可以让广大消费者彼此之间加强联系，提升品牌产品的影响力。

品牌社群中基本都是使用某一品牌产品的用户，在使用过程中形成针对该品牌产品的看法。在当今网络发达的情况下，相互沟通之后可以总结品牌产品的功能和存在的问题，有时候还可以对产品的发展提出一些奇思妙想，有助于品牌产品的改进。

第三，品牌社群的发展中，会让广大消费者与第三方联系，通过各类品牌产品的对比，提升对品牌产品的认识和理解。比如苹果品牌通过品牌社区的联络，让苹果手机用户向非用户宣扬苹果手机的效果，扩大品牌用户量。

品牌社群的建设为企业发展提供动力的例子不胜枚举。1983年，著名的哈雷戴维森公司因为经营方面的原因濒临破产。关键时刻，哈雷戴维森聘请经济界专家积极为公司构建了品牌社群，想以此挽回公司的发展。25年后即2008年，哈雷戴维森公司以78亿美元的身价进入全球50大品牌产业行列，创造了品牌社群营销的奇迹。这让全世界企业家看到了品牌社群的优势所在，加强了对品牌社群理论的研究。

建立品牌社群需要理论作为指导，所以首先要展开针对品牌社群理论的研究。截至目前，世界品牌经济学者对于品牌社群依然处于理论研究阶段。中国的品牌经济学者在品牌社群的理论研究中尽

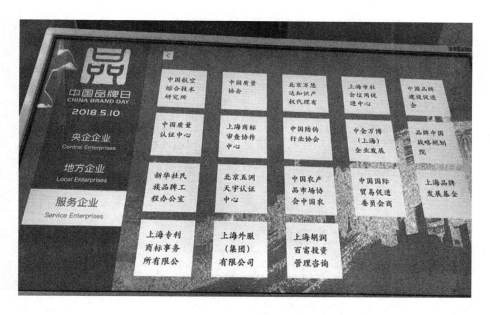

2018 年中国自主品牌博览会参展商

管起步较晚，但已进入实施阶段。

其一，对品牌社群展开实证研究与阐释研究。实证研究，即通过网络数据实施假设，针对广大消费者进行假设，在新的消费环境下对之前的品牌社群理论实施验证，目前国内学者在这方面的研究已经趋于成熟。阐释研究在国外比较普遍，国内营销领域很少见到。

其二，品牌社群建设的人种志方法和网络志方法，这两种方法在国外学者的研究中比较常用，国内很少看到这方面的论文。

总之，品牌社群的建设是品牌产品的消费者、品牌产品的营销人员、第三方等组成的关系网络，在当前互联网高度发达的情境下，完全可以通过互联网来构建。为此，我国经济研究学者正在积极探讨这方面的工作。

七、让顾客融入品牌

让顾客融入品牌，其实就是通过顾客对品牌产品的切身体验，感受品牌产品或者服务的优越性，然后融入广大消费人群中，以实际感受来建立对于品牌产品的忠诚。品牌产品通过让顾客融入品牌这个流程，可以扩大品牌产品忠实消费者的群体，有利于企业今后的发展。

让顾客融入品牌的实例莫过于新加坡航空公司的做法。为了让客户认可自己的服务，新加坡航空公司以带给乘客快乐为主题，引领广大消费者在网络上实施"冲浪"活动和微笑服务，让广大消费者得到了情感满足。从中可以看出，消费者之所以认可品牌产品，除了使用价值外，其他非经济价值也很重要。让消费者体验品牌产品的情感价值和审美价值，就会让他们渐渐对品牌产品产生浓厚的感情，继而成为品牌产品的忠实顾客。

让顾客融入品牌需要以下流程。

首先，引领顾客认识了解品牌产品的特性。

（1）让顾客了解品牌产品外观要素。

品牌产品的外观要素包括产品的广告用语、品牌标志、产品使用方法等，顾客通过品牌产品外观可以了解产品的性能、价格、种类以及适应人群，企业品牌文化理念，也可以通过产品外观体会到。

（2）让顾客初步了解产品的文化内涵。

品牌产品的形象需要市场的积淀，而顾客体验的效果则取决于品牌产品的视觉。当顾客的视觉诉求与品牌产品外观信息形成共鸣时，顾客才会对品牌产品充满兴趣。

其次，引领顾客体验品牌产品的核心价值。

品牌产品是否能够进入广大消费者的生活，关键是品牌产品的核心价值是否符合顾客的心理。广大消费者对品牌产品潜在文化的追求远远超出产品的使用价值，消费者非常热衷于体验品牌产品之外的非功能价值情感，比如兴趣、愉悦等。这方面的实例莫过于星巴克的品牌产品销售。星巴克之所以能够将咖啡销售到全世界的各个角落，就是因为它满足了广大消费者的情感体验，能够让顾客切实融入品牌中，感受到咖啡之外休闲文化的无穷魅力。

因此，让顾客融入品牌包含很多内容，不仅仅涉及品牌产品的功效和使用价值，还包含广大消费者的情感取向。唯有将广大消费者隐藏在购买行为中的情感融入品牌产品中，品牌产品才能够成为广大消费者生活中不可缺少的一部分。这就要求企业在品牌产品的

设计方面加深了解消费者各种偏爱的共性，将这样的因素设计在品牌文化中，就可以让顾客真正融入品牌文化中。

八、品牌生态圈

品牌产品生态圈，就是品牌产品整合人力物力资源实施跨地区发展，让品牌产品的潜在魅力在广大消费者心中得到充分的展现。在扩大企业经营的同时，提升品牌产品的销售规模。

从品牌产业经济发展理论的角度分析，打造品牌生态圈是企业发展的重要一环。企业可以通过打造生态圈来加强品牌的影响力，通过跨界经营，实现品牌经济大发展。主要体现在以下几方面：

第一，企业打造品牌生态圈，可以为企业的发展拓展空间，为企业创造更多的商业价值。

比如，著名企业阿里巴巴集团，通过旗下众多的电子商务平台，不断打造品牌生态圈，让产品销售规模不断扩展。除此之外，阿里巴巴集团还通过网络金融、物流等业务打造品牌生态圈，让业务持续扩展，最终使阿里巴巴集团成为世界著名的大企业。

第二，通过打造品牌生态圈，企业可以为广大消费者提供更多的服务。

比如，海尔集团通过海尔电器不断打造品牌生态圈，将质量可靠的家用电器送到千家万户，为广大消费者提供优质的服务。最近，海尔集团还在研制智能家居，力争通过打造品牌生态圈为海内外广大消费者提供更加先进的服务。

企业扩大规模，提高经济效益，扩大企业品牌的影响力，就需要通过打造品牌生态圈来实现。比如中国知名品牌王老吉，其产品的定位是让广大消费者有效防治"上火"，这样的定位扩大了王老吉公司的业务，让王老吉品牌扩大了影响。

在当今互联网时代，让品牌产业打造品牌生态圈变得更加容易。大数据、物联网、云计算等高新技术在品牌产品经济的应用，让许许多多企业从中看到发展的空间，寻找到了打造品牌生态圈的捷径。比如苹果公司，其通过和其他具备互联网软件技术、智能、制造技术等方面的优势企业联合，打造智能汽车品牌生态圈，扩展了苹果的业务，也提升了苹果品牌的影响力。

总之，企业要发展，品牌也需要随着时代的发展不断更新文化内涵，这一切离不开打造品牌生态圈。打造品牌生态圈已经成为当今企业发展的重要手段之一。

九、知识产权管理

知识产权管理是很多媒体上经常出现的词汇，也因此遭遇了很多人的误解。其实，知识产权管理涉及很多方面的内容，其中包括文化知识产权、企业自主品牌产权等。严格意义上说，知识产权管理是指国家有关机构为了保证知识产权法律制度正确实施，依据国家制定的各种规章制度保障知识产权人的研发成功发挥最大的经济效益的举措。

知识产权涉及领域很广泛，如知识产权的研发、保护以及运用，三方面构成我国知识产权管理的主要框架。具体内容包含以下几方面：

1. 知识产权的开发环节管理。

企业发展需要给予产品研发人员相应的鼓励政策，在加强研发人员对自主品牌创新产品开发的同时，还要及时做好研发产品产权

的管理和登记监督。

2.知识产权的具体使用管理。针对知识产权的使用加强规范化管理，积极审核品牌产品知识产权的经营和管理工作。

3.对于知识产权的经济效益管理，需要对知识产权经济效益的数据及时登记并合理分配。

4.对知识产权的转让、拍卖、终止等方面的管理，需要有法可依。

对于企业发展来说，知识产权管理有助于加强对自主品牌创新产品产权的管理，可以保证企业快速、健康发展。总的来说，知识产权管理的作用表现在以下几方面：

1.知识产权管理可以鼓励知识分子积极参与发明创造，提高知识产权创造的数量和质量，让发明创造的目的更加明确。

如果没有知识产权管理，一些发明创造就会被人随意剽窃。自己发明的东西，别人第二天就制造并销售获得利润，这样就会打击发明创造者的积极性。知识产权管理可以确保发明创造者的产权，别人需要可以协商购买，让发明创造获得收益，也保护了发明创造者的工作积极性，从而使研发产品的质量越来越好。

2.让知识领域更加健康，促进科技的发展。

知识产权管理，保护科技工作者发明创造的成果，并让发明创造者获得一定的利益，激发科技工作者的工作热情，让知识领域更加健康，让众多科技工作者认真、努力做好科技研发工作，让国家在高科技领域高速发展。

3.知识产权管理重视知识产权的执法力度，可以有效地鼓励自主品牌创新，有效维护公正、公开、透明的竞争环境。

这一点极其重要。经济领域里的竞争无处不在，企业能够在自主品牌创新产品方面有所发展，即为企业的竞争提供了有利因素。

假如这个因素不断遭到竞争对手的剽窃，企业就会丧失竞争的优势，发展的势头就会受到严重打击。这样一来，企业在自主品牌创新方面就失去了动力。企业如果不在自主品牌创新领域有发展，企业从产品经济向品牌经济建设就会变成一句空话。

总之，知识产权管理是国家经济发展的重要保障，可以为企业的发展营造良好的环境。在知识经济迅猛发展的时代，需要切实发挥知识产权管理在经济建设和高科技发展方面的作用，为国家从经济大国向经济强国发展做出应有的贡献。

【本章小结】

强化品牌建设就要加强品牌管理，管理的效率直接影响品牌建设的质量。首先需要建立一整套完善的品牌管理体系，组建专门的品牌管理机构，有专属的办公场地，有专门的品牌管理人才，专门负责谋划制定和执行监督等与品牌建设相关的工作。把品牌建设纳入企业文化建设中，重视品牌，依据企业实际情况设计品牌建设框架和机构。只有走专业化发展之路，才能提升品牌建设的质量。专门的品牌管理机构和人员要研究制定品牌发展组合战略，要建设线上线下的以品牌为主题的社群，要积极想办法让客户融入打造品牌的过程中来，最终打造出生机勃勃的企业品牌生态圈。

第七章

品牌构建：完善商业信誉和诚信建设体系

一、品牌即是消费情感

人是感情动物，具有思维能力和观察能力，人类生活和工作中无时无刻不充满情感。商业经济活动，同样充满着情感，购物的前提是，喜欢这种商品或者品牌文化；商品营销是工作利益的需要，但其中依然包含着企业营销员与消费者的"许多爱和愁"；自主品牌创新是将自己的想象变为现实，自然是喜爱。因此，商业经济同样是情感经济，情感可以创造财富，情感也可以研发品牌产品，还可以让品牌产业兴旺发达。从某种程度上说，品牌就是消费情感。

企业的发展需要与广大消费者建立稳定的情感关系，而企业的品牌产品就是这份情感的纽带。消费者之所以成为企业品牌产品的忠实客户，除了品牌产品的使用性能，还有品牌背后的文化因素。比如老北京的大碗茶，尽管没有在工商局（当时也没有这种机构）注册，但老北京人却对大碗茶无限留恋。不光是为了解渴，更多的是对大碗茶的喜欢。

品牌不仅是一个词汇，更是企业与广大消费者联系的纽带。企业通过品牌产品向广大消费者传递"关爱"。比如空调，企业通过品牌空调向夏日酷暑中的广大消费者传递"凉爽"，向冬日严寒中的消费者传递温暖；消费者认购品牌空调，是因为空调的性能好，能为自己服务，让自己感觉很满意。这都是情感的传递，而产品就是纽带。

企业需要和广大消费者建立联系，联系就是一种情感的传送。企业与消费者在沟通方式方面存在三种形式的变化。

1. 媒体广告式，即通过电视广播或者报纸上的广告来建立企业与广大消费者的联系。这种联系方式比较陈旧，主要是企业和消费者之间的联系很难得到反馈信息。

2. 通过社交平台，比如营销，消费者直接到现场与企业营销者沟通。这种方式可以实现企业与广大消费者的双向交流。

3. 通过社群平台实现企业与广大消费者交流。这种联系方式在互联网上比较常见，消费者可以通过 QQ 或者微信随时和企业联系。

企业想及时了解广大消费者的品牌产品使用反馈信息，就需要充分利用一切联系方法，积极搭建顾客服务平台，或者用电子商务的形式和消费者之间建立情感上的沟通。时代在发展，科学技术也在发展，不改变的是企业品牌产品生产者与广大消费者的那份情感，除了对品牌产品的使用，更多的还是喜欢。

二、做一个有责任感的品牌

有责任感，对于一个人来说很重要，因为有责任感说明此人有担当力，对自己所做的一切能够勇敢地担当。人人都愿意和有责任感的人交朋友，原因就是这样的朋友值得信赖。相反，对于没有责任感的人，言而无信，看到利益就将朋友丢到一旁，这样的人没人愿意结交。

同样，一个有责任感的品牌产品同样会得到广大消费者的喜爱。从产品的质量到售后服务，企业一直负责到底，处处为顾客着想，这样的品牌就是一个有责任感的品牌，肯定会受到广大消费者的欢迎。

做一个有责任感的品牌，需要在以下几方面做出努力：

第一，品牌产品质量一定要过硬。比如，中国海尔公司著名的"砸洗衣机事件"，就是因为即将出厂的洗衣机在质量上不达标，让总经理知道后全部砸毁。正是海尔公司的这种"质量不合格的产品决不上市"的为广大消费者认真负责的理念，赢得了广大消费者的信赖，让海尔公司的品牌产品销售一路攀升，成为中国乃至世界的名牌产业。

1. 品牌产品的生产过程必须严格。从生产流程的各个环节，企业都需要有专业人员在质量上严格把关。遇到不合格的配件或者产品一定要及时返工。

2. 产品出厂前的最后一道工序很重要，需要专业人员认真检测品牌产品的整体质量。从品牌产品的外观、功能等方面认真检测，一定做到"不合格的产品坚决不上市"。

第二，品牌产品在营销过程中，营销员工的服务态度一定要好，需要认真为广大消费者解说，让消费者明白。

第三，品牌产品的售后服务一定要"言而有信"。

1. 企业在上市之后的售后服务要坚决信守对广大消费者的承诺。

比如"终身保修""一年包换"等，一定要专人负责。尽管这笔费用不菲，可信誉的坚守能够换来广大消费者的信赖。

2. 售后服务人员需要技术优良，纪律严明，态度和蔼诚恳。比如中国海尔公司的售后服务，维修人员从来不喝消费者一口水或者吸一支烟，并且服务态度非常好，赢得了广大消费者的信赖，并到处为海尔公司宣传："太好了，人家上门替我们维修，还不喝一口水，说要遵守纪律。真是太好了！下次一定还要买海尔的东西。"这样的口碑在广大消费者之间传递，比央视黄金时段的广告还要有效。

总之，做一个有责任感的品牌能够赢得广大消费者的信赖，消费者从内心深处愿意接受这种品牌的产品，进而让品牌产品占领消费市场，成为广大消费者心目中的名牌产品。

三、品牌发展的"快"与"慢"

对于品牌产业发展中的"快"与"慢"的问题，有业内人士这样总结：品牌产业在创业时段需要"快"，在发展时段需要"强"，成为名牌产品之后需要"慢"下来，稳步发展。简单地说，品牌发展属于商品经济的范畴，在快节奏的发展时期需要"快"，但在具体发展过程中，对每一个环节的把握则需要"慢"一点。常言说：慢工出细活。只有在生产以及销售过程中"慢"，才可以掌握品牌产品质量上的分寸，提高品牌产品的质量。

对于品牌产业发展中的"快"与"慢"，需要在以下几方面把控：

第一，品牌产业的总体发展需要"快"节奏，这样才适应当今社会的快节奏。

对于企业的发展，需要在顺应市场方面"快"反应。现在的社会瞬息万变，企业品牌的发展需要跟上时代的步伐，及时寻找机遇，提高商业市场的适应速度，要"快"发展。在面对市场供求信息反应、搜集广大消费者需求、提高企业全体员工执行力等方面，都需要及时，需要"快"节奏，高效率才可以让企业品牌产业持续发展。

第二，在企业品牌发展中，管理者需要及时调整心态，"慢"下来才可以认真思考，才可以在快节奏的发展过程中及时搜寻到发展的路径，搜寻到解决问题的最佳办法。

从哲学的角度分析，"快"在一定程度上就是"慢"，而"慢"在一定程度上就是"快"。企业品牌产业发展也是一样，节奏过快，容易在发展中出现问题，影响企业的发展进程和速度。企业发展要重视生产细节的把握，遇到问题认真研究分析，这样不至于让问题再次出现。

企业品牌产业发展中的"慢"和"快"，犹如影响几代人成长的著名童话《龟兔赛跑》。小兔子品牌产业因为"发展"速度快，没有把竞争对手放在眼里，思想骄傲，放松了竞争意识，导致企业发展节奏出现"混乱"，进而影响了品牌产业的发展。相反，"乌龟"品牌产业因为发展条件在行业竞争中处于劣势，所以不追求发展速度（也无法追求发展速度），只能在生产流程、品牌产品销售方面严格把关，一步一个脚印地发展。随着资金的积累，信誉的提升，乌龟品牌产业有了发展的机遇……

其实，任何事物的发展都存在这样的规律，都需要在"快"和"慢"的节奏中寻找发展的平衡点。品牌产业发展需要"快"节奏时，就需要提升反应速度，对品牌产业尽快做出调整；当品牌产业需要

"慢"发展时，品牌产业流程就需要对产品质量严格把关，细细分析数据。品牌发展，唯有认真掌握好"快"与"慢"的平衡，才可以让品牌产业健康发展。

四、打造利他品牌

当今时代是商业经济发达的时代，许多人都渴望成功突然降临，迅速飞黄腾达。可是，随着时间的推移，奔波在"发财路"上的人们很快发现，越想赚钱，钱就越难赚。相反，有些成功人士，起初的目标似乎并不是发财，而是"利他"，这种神秘的力量却让这些人走向了成功。

利他，简单地说，就是一心为消费者利益着想，处处为消费者服务，有益于消费者的想法贯穿于品牌产业的各个流程。这样的商业理念，会牢牢稳住广大消费者的心理，进而获得广大消费者的信赖，占领市场。这就是成功人士成功的"诀窍"。

利他的商业理念并非将品牌产品免费提供给消费者，或者利润全无，为消费者免费服务。利他只是将广大消费者的需求作为品牌产品开发的导向，以顾客需求为最终目标，随着顾客的需求变化让品牌产品不断升级改造，并不是将追求利益作为产品品牌发展的目标。相反，假如在品牌产品的开发初期就将目标锁定在利益追求上，没有将顾客的需求放在品牌产品的运营过程中，甚至以次充好，在品牌产品制作中偷工减料，这样的运营肯定会让品牌产业最终倒闭。消费者吃亏上当之后，下一步就会将这样的信息在朋友圈内散发传播，让更多的消费者了解这种品牌的劣性，进而使得这种品牌的产品无人购买。

利他品牌在一定程度上属于正能量传播，目的是为消费者创造价值，让消费者的生活更加美好。这样，商业产品不会因为质量问题产生纠纷，企业与广大消费者之间的情感也会越来越深厚，社会也会更加和谐而美好。相反，品牌产业一心追求利益的最大化，节约生产成本的同时忽视了质量，致使很多劣质品牌产品充斥于市场，消费者购买上当之后开始投诉索赔，企业不闻不问，甚至还恶语相加，激化矛盾，造成社会的不和谐。这样的商业活动绝对是负能量传播，国家有关部门需要给予严惩。

因此，品牌产业的运营，要努力打造利他品牌，以利他为品牌产品的运营标准，将利他作为企业发展的最终目标。这样，企业才会与消费者的关系越来越融洽，让广大消费者成为企业品牌产品的忠诚用户。只有打造利他品牌产品，传播正能量，才可以将品牌产业做大做强，最终走向世界商业市场。

五、品牌和财富多少没有关系

据有关数据显示，中国大陆区域的商标注册在几年前已经跃居世界第一，品牌产业的数量称雄世界。不过，全球品牌产业价值百强中，鲜有中国大陆品牌产业的身影。因此，中国大陆的品牌产业需要认真思考自身的发展问题。

中国品牌产业想要向国际市场发展，需要将品牌产业打造成为全球百强之一的规模。可是，我们的市场被很多假货充斥，有些商店甚至明目张胆兜售假货。这样的商业市场经营的确可以造成利益的最大化，但是却扰乱了市场的形象，坑害了广大消费者。这样的品牌产业发展，如何能够走向国际市场。

假如品牌产业将目标锁定在利益的追求上，不惜一切偷工减料，造假品牌产品，这种追求商业利益最大化的手段只能是"自毁长城"，让广大消费者心寒。假如品牌产业以这样的心态进入国际市场，只能遭到世界其他国家消费者的反对和投诉，损害中国形象，对中国的商业经济发展产生不利的影响。

品牌产业在发展方面需要面对众多的消费者，如果为了打造品牌一味追求财富，势必会将品牌产品的质量和售后服务"抛之脑后"，不把广大消费者的利益价值放在心上，这样的品牌产品必定会失败。

因此，品牌产业的成功与否与财富并非成正比，不能说某一项品牌产品在商业运营中获得了巨额财富，就是成功的品牌，就会因此成为名牌产品。这种用不正当手段坑害广大消费者得到财富的品牌产品不会赢得广大消费者的喜爱，绝对不会成为名牌产品。相反，一些品牌产业在运营方面并不追求利益的最大化，而是将品牌运营的目标选定在为广大消费者服务方面，始终追求如何让品牌产品更好地为消费者服务，如何让品牌产品为消费者创造更加美好的生活和价值，这样的品牌产业尽管在利益财富方面不会很多，但是赢得了消费者的赞许，肯定会成为广大消费者心目中的名牌产品。

品牌与财富的关系很微妙。在一定程度上，良好的品牌必定会带来不错的经济效益，利润肯定会丰厚。不过，有时候劣质的产品因为不正当的运营，短期内同样也会得到巨额的财富。所以，品牌与财富多少并没有太大的关系。

当前，我国的品牌产业发展需要树立"正能量"品牌，积极打造一心为广大消费者服务的名牌产品产业，这样品牌产业才会走出国门，走向国际市场，为国家带来良好声誉。

【本章小结】

影响品牌的因素很多，其中诚信是十分重要的一条，可以说诚信是品牌的生命线。诚信主要有两个层面的含义，一是产品质量必须有保证，二是诚信服务。假如没有诚信，客户就不会信任，品牌也就无从谈起。攻城为下，攻心为上，说一千道一万，品牌建设最终的落点肯定是要拨动顾客心弦，打动消费者情感，赢得客户信赖。所以说，企业品牌和产品品牌都要有责任感，要为顾客和社会负责，没有责任感的品牌不会长久。要有利他意识，站在客户的角度想问题，只想着自己赚钱的企业无法打造出大品牌。如今是网络时代，如何利用互联网打造品牌是新时代的课题。

第八章

品牌评价：建立科学的品牌评价体系

一、品牌即知名度

在商业市场经济中，某种程度上说，品牌就是知名度。产品品牌的知名度包括：企业的品牌产品运营情况；在商业市场占据的份额以及在广大消费者心目中的影响；尚未购买该品牌产品的消费者对该品牌的了解，进而决定是否购买该品牌产品……这些因素都包含在该品牌产品的知名度内。比如格力空调品牌产品。准备购买空调的消费者根据自身对空调品牌的了解以及通过朋友介绍来了解相关情况，最终确定购买什么品牌的空调。本来对格力空调印象不错，通过向乡邻以及朋友打听，更加坚定了购买格力空调的决心。在这样的认购过程中，可以体会到品牌知名度的优势。

品牌知名度涉及品牌产品的类别和品牌联系的各个运营环节。企业品牌产品研发之后都需要有知名度，因为具有知名度的品牌产品在广大消费者心目中有地位，有影响，可以获得广大消费者认可并且还能向自己周围的亲戚朋友推荐，在销售方面就会产生好的业绩。因此，品牌产业建设的关键，就是提高品牌产品的知名度。

提高品牌产品的知名度，除了提高品牌产品质量和售后服务质量之外，还需要在以下几方面做出努力：

第一，产品品牌名字宣传用语需要给人们留下深刻的印象，更关键的是让广大消费者在心里留下印象，这就需要在制造差异方面做文章。比如"会说话的 Parkay 人造黄油盒"，这种将人的名字与产品品牌结合在一起的做法会给广大消费者留下深刻印象。

第二，产品品牌的广告语需要强化产品品牌形象，需要押韵，朗朗上口，能够被广大消费者接受。比如联想，会让广大消费者通过这个词汇展开丰富的联想，最终铭记在心中。

第三，广告宣传推广对提高品牌产品的知名度至关重要。

1.广告用语需要简单明了，在广大消费者心中迅速留下深刻印象。比如斯达舒上市时，最为明显的就是利用谐音"四大叔"给观众留下了印象。虽然让消费者有些"恶俗"的感觉，但是印象比较深刻。

2.广告用语需要"出奇"。比如美国家庭人寿保险公司，在广告宣传方面花费十几年工夫依然难以在广大消费者心目中留下深刻印象，最终公司采用模拟鸭子叫声"呱呱"，叩开了广大消费者的心扉。

3.广告用语需要介绍品牌产品，需要给广大消费者留下记忆。比如农夫果园品牌产品广告用语"喝前摇一摇"，让广大消费者记忆深刻。

第四，多参加一些公益活动，在广大消费者心中树立良好形象，在社会上传播正能量，提高品牌产品的知名度。

1. 对国家或者社会上一些比较大的活动、体育比赛进行赞助，此举会让活动现场的人们记忆深刻。比如奥运会比赛，通过赞助国家队，能够在国民心目中留下良好印象。

2. 国家出现比较大的灾情时，品牌企业要捐款捐物，通过品牌传播正能量的同时，人们心中也会对品牌产品留下好印象。比如中国华龙方便面食品，在国家遇到灾难之时，华龙食品总能挺身而出捐款捐物，最终让华龙品牌名扬天下。

品牌就是知名度，二者是相辅相成的关系。品牌产品在广大消费者心目中的印象好了，知名度自然就会随之增强。相反，品牌产品因为质量不好在销售之后不断出现消费者投诉纠纷，品牌知名度必定受到影响，即便是广告宣传力度再大也无济于事。总而言之，品牌产业经营者想要让企业品牌名扬天下，就需要在品牌产品运营上下功夫。

二、品牌意味着质量保证

品牌产品是企业的旗帜，更是一个企业团队全体员工的心血和希望。在当今竞争激烈的商业大潮中，如何让品牌产品乘风破浪走向成功，需要企业全体员工在品牌产品的质量上展开孜孜不倦的追求。

"产品质量成就企业品牌，品牌特色打造产品市场"是商业运营的规律。品牌产品的质量要想过硬，要想经得起广大消费者的层层考验，就需要企业全体员工严格把关品牌产品生产的每一道工序，力争做到"品牌产品质量零缺陷"。唯其如此，品牌产品质量才能经受住商品市场大潮的冲击，经受住千百次使用的考验，最终铸就

2018 年中国自主品牌博览会参展商——老干妈品牌

名牌产品。

在品牌产品质量打造方面，需要企业在以下几方面做出努力：

第一，企业全体员工要树立"质量铸就品牌"的意识，让企业全体员工从思想上对产品质量高度重视。只有企业上下所有员工在品牌产品质量上达成共识，品牌产品的质量才会有保证。

第二，企业加强品牌产品的生产流程质量管理，严把质量关。

1. 品牌产品的零部件需要质量过硬，让不合格的零部件远离组装车间。

产品零部件是品牌产品的重要组成部分，每一个零部件出现问题都会影响整个品牌产品的使用功能，就会在广大消费者心中造成不良影响。比如。方便面中的佐料，其实属于品牌产品中的"附件"（有些消费者食用方便面时并不食用佐料），但不可以马虎对待。假如佐料质量不好，引发消费者投诉，再引发媒体关注，势必会让企业品牌方便面产品信誉"一落千丈"，影响品牌产品在广大消费者心目中的信誉。

2. 品牌产品上市前一定要严格把关，确保不合格的产品不进入市场。

这一道工序最为重要，可以将一些在质量上感觉"差不多"的品牌产品拦在市场大门之外。如果企业追求利润，重视经济利益，就会将质量"差不多"的品牌产品投放市场。这样的产品，或许让广大消费者购买之后不会出问题，但不能确保一定不出问题。假如某一件质量上"差不多"的品牌产品在消费者使用过程中出现问题，就会形成"千里之堤毁于蚁穴"的情况，给品牌产品整体形象带来不良影响："谁说这个牌子的商品质量有保证？这不出毛病了吗？谁不信谁过来看看，我刚买了还没几天呢……"这样的言辞在广大消

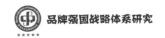

费者之间传播，对品牌产品的影响非常不好。

第三，企业品牌产品的售后服务一定要好，并且做到"言而有信"，信守企业对广大消费者的承诺。

1. 企业品牌产品的售后服务很重要，在一定程度上可以为企业品牌起到广告宣传推广的作用。优良的品牌产品，售后服务是企业与广大消费者的良好沟通，能够将企业品牌信息传播到广大消费者心中："大娘，放心吧，我们公司的产品绝对负责到底。您什么时候叫我们，我们什么时候到。不管您用多少年，我们都随时为您维修。"这样的言辞，肯定会让消费者放心。

2. 对于企业在品牌产品包装或者广告推广方面对广大消费者的承诺，产品售后一定要兑现，信守承诺。诸如"一年包换，终身保修""十天之内出现质量问题，企业以一赔十"等，这样的宣传肯定会吸引广大消费者来购买，也为企业品牌产品的推广和提高知名度起到重要作用，但售后服务一定要对广大消费者兑现企业的承诺。比如真的出现"产品十天内出现了质量问题"，售后服务经过调查情况属实，那就要向消费者兑现"以一赔十"的承诺。尽管损失有些"过"，但在广大消费者中间形成了良好印象："这个牌子的产品放心买吧，出了问题真的是以一赔十啊。"这样的言辞在广大消费者中间流传，企业的信誉会在短时间内迅速提升，进而让品牌产品销售额大幅提高。

总之，品牌意味着产品质量的保证，需要在品牌产品质量上严格把关，才可以提升品牌形象，提高企业的信誉，最终让品牌产业做大做强，走向国际市场。

2018 年中国自主品牌博览宁波馆

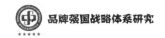

三、品牌都有独特的标识

品牌标识，就是企业产品中构成品牌的视觉要素，需要通过这种标识来识别品牌产品。商品经济的市场上，品牌都具备自己的独特标识，目的不只是让广大消费者铭记自己的产品，也是避免商业品牌产品相互竞争中产生混淆。比如小天鹅洗衣机，该品牌产品成为广大消费者心目中的名牌，可有的企业为了混淆视听，就采用"小夭鹅"品牌来销售自己生产的洗衣机。和小天鹅相比，"夭"字和"天"字只有上面的一笔不同，一些马虎的消费者错把"小夭鹅"当成小天鹅洗衣机，造成不好的影响。因此，对于品牌产品的标识，企业运营过程中需要严肃对待，不给投机者可乘之机。

品牌需要在标识方面有独特之处，这样有利于品牌产品在广大消费者心目中留下深刻印象，也有利于品牌产业的长足发展。

企业在产品品牌的设计方面需要遵循以下几方面的原则：

第一，品牌广告用语简洁明快通俗，避免歧义、复杂，让广大消费者容易接受。

消费者的文化层次参差不齐，对于文字、图案信息数据记忆程度不一。如果企业品牌的标识文字比较多或者难记，品牌标识图案复杂难以理解，势必影响消费者记忆。比如北京著名的全聚德烤鸭，历史悠久，广大消费者非常喜欢，但其品牌标识却非常难以理解。相比之下，海尔电器的品牌标识通俗易懂，只有两个小孩，让消费者一眼就能认出是青岛海尔公司的产品。

第二，品牌标识在造型上需要特征明显，避免让商业竞争对手"钻空子"。

商场如战场，品牌产业之间的竞争非常激烈。哪个品牌产业赢得了市场，哪个品牌产业就可以兴旺发达，进而取得长足的发展。相反，品牌产业如果在商业竞争中失败，就会在业绩方面大打折扣，甚至濒临倒闭。因此，品牌产业之间的竞争是"你死我活"的。有时候，为了达到击垮竞争对手的目的，企业就拆资另行打造与竞争对手相仿的品牌产业，将劣质的产品与竞争对手的产品混淆，造成消费者对竞争对手品牌的误解。因此，品牌标识在造型方面要个性鲜明，避免让竞争对手"钻空子"。

第三，品牌标识设计内容必须尊重当地消费者的习俗和传统文化，避免给品牌产业的发展带来不必要的麻烦。

相比西方国家的消费者，亚洲国家的消费者比较注重品牌产品标识的美感，对于民族传统习俗比较看重。如果品牌产品在品牌标识设计上伤及民族传统习俗，就会引来不必要的麻烦，说不定还会引发民族冲突。比如，有些西方国家品牌产品别有用心地在产品的某些标识上将我国台湾独立于祖国领土之外，极大地伤害了中国人民的爱国情感。相反，一些产品品牌在设计理念上迎合了某些民族的文化，使得该品牌产品在这一区域旺销。

第四，品牌标识设计需要重视细节。

产品的品牌标识需要面对很多复杂的商业市场环境，需要经受很多国家、民族市场的考验，因此，产品品牌标识的设计一定要重视细节，力争一次成功，今后不再修改。这样一来，消费者对品牌的标识就会产生感情，如果后来因为标识设计不当需要修改，原先品牌的忠实用户就会反对。

总之，品牌产品的标识需要设计者用心考虑，综合多方面的信息因素进行设计，避免品牌产业在运营过程中遇到不必要的麻烦，让品牌产业健康发展受到影响。

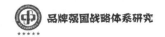

四、品牌是一套完整的架构

品牌架构，其实就是企业在具体运营过程中需要多少个品牌产品，各个品牌产品之间是什么关系。企业运营过程中所有品牌产品的组合，经过管理者调整之后上市营销，构成了一个完整的企业品牌运营系统，即一套完整的架构。比如海尔公司，其品牌架构就涉及公司很多品牌产品。还有小米手机、小米电视、小米空气净化器等，这些类别的产品同属小米品牌系列产品。

企业品牌产业的运营，就是品牌架构的运营。品牌是企业的旗帜，是企业发展中的无形资产。品牌架构的有效运营，可以提升品牌在广大消费者心目中的影响力。然而，在品牌架构中如果出现某一方面的失误，就会影响到整套品牌架构的运营，造成品牌产业的危机。因此，品牌产业需要整套架构的有效运营，才可以使企业健康发展。

品牌产业的架构包括很多内容：品牌产品的研发、企业人事管理制度、营销策划、售后服务、不同类别产品的营销搭配……因此，对一家企业而言，品牌架构的策划需要考虑很多变量因素，需要尝试多种品牌产品运营模式。在国际上，品牌架构属于经济学术领域中一个分支课题。根据品牌架构理论研究的结果，品牌架构需要遵循以下几项准则：

第一，规划一套完整的品牌架构，需要针对企业以及子公司、各种品牌下不同类别的产品等实施整体的分析，然后规划出最佳的运营方案，以此让整个企业发挥最大的效率。

品牌是企业的灵魂，企业的运营需要围绕品牌产品来具体实施，从品牌产品的研发、制造、营销以及售后服务，都必须以追求品牌产品在广大消费者心目中的影响为最大目的，这样才能提高品牌产业的经济效益。可以根据广大消费者需求打造品牌主产品，让其他辅助型品牌产品协同主品牌产品营销。这样，不仅可以扩大品牌的影响力，也可以扩大品牌产品的销售额。

第二，品牌主产品与次产品的协调需要依据品牌核心价值原则，可以根据时代的变化和广大消费者需求的不同来决定品牌主产品的营销，力求让品牌影响力最大化。

比如中国美的集团公司，在20世纪90年代曾经以洗衣机作为主品牌，当时的中国人生活需求最大的就是洗衣机。到新旧世纪交替时期，美的集团意识到中国人因为生活水平提高，物质需求发生变化，就将主产品换成了冰箱，从都市到农村，美的品牌十分火爆。后来，随着时代的发展，人们对空调的需求逐渐增大，美的集团又将品牌主产品定位在空调上。这样的运营方式，让美的品牌根据时代的发展而发展，成就了完美的品牌架构。

第三，在品牌整套架构的调配上，必须考虑到商业竞争环境和对手的策略，力求品牌在商业竞争中立于不败之地。

比如上述事例中，假如美的集团公司没有根据时代的变化以及广大消费者需求的变化去积极调整品牌架构，势必让商业竞争对手从市场中"挤出去"。当广大消费者的关注点已经从洗衣机转移到电冰箱上，美的集团依然追求洗衣机的高质量发展，这样即便再扩大营销推广力度也难以在商业市场上立足。因此，品牌架构需要考虑商业竞争环境的变化和竞争对手的策略。

总之，品牌是一套完整的架构，需要根据不同的商业环境来合理调配品牌产品以及公司的运行模式，确保企业管理、品牌主产品调配、售后服务等紧跟时代，力求品牌产业商业利益最大化，努力

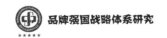

让品牌产业随着时代的发展越来越兴旺发达。

五、制定品牌资产评估标准

品牌本身是企业的一面旗帜，是企业的一种无形资产。品牌资产的评估，就是根据品牌产业在广大消费者心目中的影响力，以此评估品牌产业的价值所在。通过各种媒体对品牌影响力的评论，判断企业品牌产业的发展潜力。

完善的企业品牌产业评估能够为品牌在财务评估和企业战略发展评价中寻找平衡点，为企业下一步的发展做准备。比如，由于海尔品牌已经成为国际品牌，在全国乃至全世界都拥有众多忠实的消费者，因此其品牌资产评估必然价值不菲。相对来说，一家弱小的企业品牌产业资产在评估方面就比较简单，因为其忠实消费者较少，区域影响力也比较弱。

品牌产业资产评估是一项复杂的工作，涉及品牌产业诸多因素，因此，在具体的品牌资产评估方面需要有一个统一标准，让品牌资产评估规范化、标准化。根据国外在品牌资产评估方面的研究成果，品牌资产评估标准的制定需要考虑以下几方面：

第一，品牌产业产品的消费者的忠诚度，即品牌产品拥有忠实消费者的规模，这是决定品牌资产的首要因素，也是品牌资产评估标准制定需要考虑的因素。这其中包含以下两个要素：

（1）价格差异，即品牌产品在价格方面的因素直接影响品牌资产的规模。比如联想电脑。联想电脑产品在研发时期价格不菲，但随着中国市场电脑产品竞争的加剧，价格都在下滑，这就是影响品牌资产的主要因素之一。

（2）广大消费者对品牌产品的满意程度，直接影响品牌资产。

一些品牌产品在某一区域的销售量比较大，这并不说明该品牌产品受到了广大消费者的欢迎。或许是因为这一区域的消费者这段时期急需这种品牌的商品，但使用之后未必评价很高。从整体市场范围评估，该品牌产品并不受消费者欢迎。这样一来，该品牌资产评估必定受到影响。

第二，品牌品质因素，同样影响品牌资产的规模。

比如华为公司，该品牌产品远销世界各地，其产品的品质得到了广泛的好评，反映出华为品牌的资产规模很强。

第三，品牌产业的未来发展因素，即由品牌或者企业内部管理产生的联想，这同样影响品牌资产的评估，是品牌资产评估标准需要考虑的因素。

这方面的事例莫过于当前实力发展强盛的阿里巴巴公司了。从阿里巴巴未来发展前景以及内部管理来分析，阿里巴巴品牌的前途一片光明，因为当今时代的发展与阿里巴巴品牌产业发展的方向一致，因此，阿里巴巴品牌资产评估的结果肯定不会错。

第四，品牌产业知名度，同样是品牌资产评估需要考虑的重要因素。

品牌产业的知名度高，说明该品牌产业受到广大消费者的欢迎，赢得了市场，这样品牌资产评估效果必定很好。如果品牌产业经营了很多年依然没有知名度，只能说明这种品牌产品没有赢得市场，也没有在品牌产品研发生产中迎合广大消费者的需求，因此，这样的品牌资产评估肯定不会好。

第五，品牌产业商业市场涵盖率同样影响品牌资产评估，也是品牌评估标准需要考虑的因素。

某一品牌产品在当地区域营销很好，也受到了当地广大消费者的欢迎，口碑不错，可是，从全国范围商业市场整体来分析，该品牌产品的市场涵盖率就低了。该品牌充其量是地区型品牌，即便在当地消费者中的影响再好，依然不会在品牌资产评估方面获得好的效果。

总之，品牌资产评估属于商业经济领域中一项重要的课题，需要专业的评估机构，针对涉及品牌资产评估领域的许多因素综合考虑，制定品牌资产评估标准，为国家商业的发展，从经济大国向品牌大国发展做出应有的贡献。

六、制止品牌评价乱象

有关品牌的乱象，在前面章节中已有介绍，就不再一一描述。这里需要说明的是采取什么措施制止品牌评价的乱象。

当前，企业品牌评价乱象丛生，主要表现在以下几方面：

第一，"敛财式"品牌评价，即很多机构以各种名义展开企业品牌评价，其真正目的就是通过评价敛财。

1.乱象：这样的机构很多，而且名字听起来大得吓人："某某国际经济协会""某某电器行业联合会""某某计算机行业协会"……这些机构到一些高等院校聘请一些经济学者，然后开始"挂牌营业"。接下来，这些机构到企业做宣传，诱导企业参加他们组织的品牌评价，暗地里让企业缴费："没办法，为了你们企业的发展，你们出一些钱也应该。我负责任地告诉你，只要你们企业拿到这个牌子，在国际市场的影响力就强了。"在这样的言辞诱导下，很多企业通过缴费拿到了一些没有实际意义的"牌子"。这样的商业品牌产业评价，实质上就是为了敛财，根本没有经过实际调研搜集品牌信息及数据，更没有通过专家评审，坑害了一些企业，影响了企业品牌产业的正常发展。

此种乱象已经得到部分遏止，国家有关部门已经依法取缔了一些不法机构，但依然有一些机构在通过各种渠道联系不知情的企业，诱导它们通过缴费领牌子。

2.恶果：这种"敛财式"品牌评价造成了企业品牌产业发展的困惑，使一些品牌产业管理者错误地认为，只要缴费就可以让品牌产业进入国际市场大发展，导致一些企业不通过正常的自主创新品牌产品的运营，不通过正常的商业市场竞争就想获得发展上的突破，让部分企业不按照正常的品牌产业发展轨道运营，给国家经济造成混乱局面。

第二，"挤垮竞争对手式"品牌评价，即一些企业为了在商业市场竞争中挤垮对手，联系某些机构进行品牌评价，借机打压竞争对手。

1.乱象：商业市场需要品牌产业竞争，只有商业竞争才可以让优秀的品牌产业脱颖而出，进而让广大消费者选取适合的品牌产品。有些企业为了挤垮竞争对手，就采取不正当手段让某些机构搞品牌评价，然后给予竞争对手品牌"低劣"评价。再通过一些媒体对竞争对手的品牌产业进行曝光，让广大消费者远离竞争对手品牌产业，通过这种办法挤垮对手。

2.恶果：（1）这种品牌评价严重影响了商品市场上的正常竞争，让品牌产业间的公平、公正、透明的商业竞争变成了不择手段的不光彩行为。（2）这样的评价还会诱导广大消费者去购买劣质品牌产品，反而让优质品牌产品远离消费者，打击了品牌产业经营者的积极性，影响了国家经济发展。

第三，让企业过多参与没有实际意义的品牌评价，严重影响了品牌产业的正常运营，给企业管理者和广大消费者造成商业理念上的极大困惑。

1. 乱象：过多的品牌评价，各种"丰富多彩"的国际性学术机构不断诱导企业参加品牌评价，品牌产业不得不专门派人应付这些品牌评价活动。另外，各种性质的牌子挂在企业大门口，给人一种眼花缭乱之感。

2. 恶果：除了敛财之外，还给企业品牌产业管理带来麻烦：不参加吧，担心企业发展因此受影响；参加吧，又感觉没多大意思。让广大消费者在认购商品方面也困惑："究竟哪个牌子的商品好呢？这个牌子是国际优质品牌产品，那个是全球行业最佳产品，哪个比较好？"

以上这些品牌评价乱象已经严重影响了国家经济的发展，影响了品牌产业的正常运营，亟待国家有关部门治理整顿，保证品牌产业正常有序发展。

七、支持国家标准品牌

国家标准品牌，就是由国家职能部门批准的第三方依据国家标准，经程序评审并年年监督评审的品牌。这样的品牌蕴含着丰富的经济文化因素。支持国家标准品牌化建设，对国家经济的发展和品牌产业向国际化发展有极其重要的意义。

第一，国家标准品牌属于全国统一的标准，符合国家经济技术要求。

1. 国家标准品牌按照国家标准评定，在不同的经济行业和不同的品牌产业规模上，都由国家标准统一核查，值得消费者信赖。

2.有利于品牌产业间的公平竞争。

国家标准的品牌产业，可以和同一规模的品牌产业竞争，这样才能在同等经济条件、同样竞争环境下展开竞争，有利于品牌产业的优化。比如，国家标准核定某品牌属于五星级品牌，而竞争对手则是四星级品牌，这样一来，两个品牌产业就在市场上有了差距。

这样的公平评价，刺激和鼓励企业通过不断加强品牌建设，打造国家标准品牌产业，和大品牌产业展开竞争，进而走向国际市场。

第二，国家标准品牌的制定，可以随着时代的发展、科技的进步、经济运行规律的变化而改变，根据品牌产业的发展需要来修正之前的标准。

国家标准属于动态信息，可以根据时代的发展而修正，这样才能引领国家品牌产业跟随时代发展，迎合根据时代变化而改变消费需求的广大消费者。

第三，支持国家标准品牌的建设，有利于品牌产业经济的发展。

1.国家标准品牌的建设，可以让品牌产业对自身的发展有正确的认识。

品牌产业从建立到品牌产品的研发、企业运营、产品的营销、企业发展到什么规模，有时候品牌产业管理者难以估计。国家品牌标准的建设，让品牌产业有了方向，可以正确认识当前品牌产业规模，然后制定下一步的发展目标。

2.国家品牌标准的建设，可以让品牌产业找到品牌产业发展的差距。

通过国家品牌标准的建设，让品牌产业找到了与竞争对手的差距所在。比如，某品牌产业经过国家标准评定之后定为五星级品牌产业，而竞争对手的企业经过核查之后评定为四星级。这样一来，

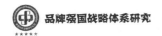

竞争的差距就明确了。

总之，支持国家标准品牌的建设有利于品牌经济的发展，有利于品牌产业之间展开公平、公正、透明的商业竞争，让广大消费者看清品牌产品的优势所在，正确选购商品。简单地说，国家标准品牌建设，可以让品牌产业感受到"人贵有自知之明"，进而寻找品牌行业的差距，让品牌产业健康发展，为进入国际市场打下坚实的基础。

品牌标准制定，包括企业标准、地方标准、行业标准、团体标准及国际标准，可根据不同时期和发展阶段，分别参与制定和执行。有条件的，积极倡导和参与国际标准制定，争取国际话语权。

在标准制定中，要避免简单，雷同，抄袭，闭门造车。

【本章小结】

为什么说科学的品牌评价体系十分重要？一方面，政府部门利用评价体系在总体上管理社会的品牌建设，有的放矢；另一方面，企业可依据评价体系来进行自我评价，发现问题，解决问题。

品牌评价体系首先必须研究有关品牌知名度问题，因为知名度是衡量品牌的重要指标。另外，品牌评价体系必须以产品质量为中心，质量是品牌的根本保证。品牌还需要具有个性化的识别系统，包括视觉识别系统和行为识别系统等。品牌虽然是无形的，但却是有价的。

第九章

品牌创新：科技创新和工匠精神融合体系

一、向德国品牌的工匠精神致敬

说到工匠精神，总会提到德国。德国人用高质量的产品在世界上树立了国家品牌，把德国人严谨专业的精神传递到世界的每一个角落。舒马赫、施耐德、施密特、穆勒、施泰因曼……这些德国姓氏在德语里各自代表着某个行业的手艺人：制鞋匠、裁缝、铁匠、磨坊主、石匠，等等。老师傅带几个学徒做手艺曾是德国人的职业常态。尽管工业化发展，机器取代了手工，但是德国的工匠精神却传遍了全世界，也成为德国制造业享誉世界的核心竞争力。今天，在德国的经济结构中，30%为制造业，加上出口，工业制造几乎占据德国经济的半壁江山。

德国人偏爱手工业，宗教改革家马丁·路德在16世纪就提出，人们无须遵从教会指令，靠自己辛勤劳作也可获得救赎。德国人深受这种思想的影响，19世纪，德国作家路德维希·蒂克在他的小说

《青年木匠师傅》中，借木匠莱恩·哈特的话表达了市民阶层对手工业的青睐："我总是想让人们的日常用品既实用又美观，这样有教养的人就不用再添置别的东西了，我为此感到荣耀。"德国人乐于在手工业上花更多的时间，用心打造自己设计的每一款产品，他们把手工业的技艺发挥到极致。德国开展专业化的职业教育，让手工技艺能够得到有效的传承，并且为技艺高超的人颁发专业证书，让他们得到社会的认可。

德国有很多家族企业，其中不乏有几百年历史的家族。在德国350万家企业中，90%由家族经营。德国最大的100个家族企业，平均年龄超过90岁，皆是名副其实的百年老店。在德国，家族企业通过代代相传，不仅企业能够得以传承，而且精湛的技艺和严谨的企业文化也毫不遗漏地得到了保留，从而使企业得以稳健地发展下去，成为行业翘楚。

德国的工匠精神与它的社会生产体系有着密切的关系。德国的社会生产体系在19世纪晚期奠基，其核心是在机械制造、电子技术工业和化学工业领域形成的多样化优质生产。也就是说，在企业竞争战略上，德国企业往往不是选择成本领先，而是选择产品分层化，专注于小众市场，在制造业（特别是装备制造业）中的某个细分领域深度耕耘。这些机械工程领域的小众市场的壁垒通常是比较高的，进入这些小众市场需要比较复杂的技术和生产能力；另外，小众市场的顾客一般比较挑剔，对于产品质量要求高。这就要求企业不得不专注于自己的领域，做精做细，由此推动了德国制造业的发展。

德皇威廉继承了普鲁士时期重视科学与教育的传统，特别是在19世纪最后10年引入了正规的工程师教育及双元制职业教育。德国对于工程技术人员及技术工人的系统培养模式大大优于当时的制造业霸主英国的在岗培训方式，这让德国制造业如虎添翼，在20世纪初全面超过老牌制造业大国——英国，与美国并驾齐驱，成为世界制造业的新霸主。

中国在改革开放的大潮中，快速发展加工业，成为闻名全球的"世界工厂"，这有力地促进了社会经济的全面发展。然而，随着经济的发展，我国在劳动力和资源等方面的优势渐渐减弱，而在科技不断发展的今天，对工人劳动技能的要求也在不断提高，因此"世界工厂"的重心必然会发生转移。中国在新一轮经济大潮中，必须提高制造业水平，发扬工匠精神，提高劳动技能，才能够有更多的在国际上享有盛誉的产品，才能拥有核心竞争力。德国人的工匠精神值得我们认真学习和借鉴，我们要做好自己擅长的事情，鼓励管理人员和工人积极提高技术水平，平心静气地做好每一款产品，充分发挥工匠精神在新时代应有的作用，让"中国制造"享誉世界。

二、像乔布斯那样做品牌

乔布斯走了，2011年10月，整个世界都在讨论这位科技伟人的离去。横跨两个时代的辉煌，可能只有乔布斯一人享有，从PC时代到智能手机时代，他的苹果产品一直是高端产品的代名词。

乔布斯对品质的苛求是众所周知的。在苹果产品的开发中，乔布斯经常"按下暂停键"，然后重新回到画板上进行设计，只因为他感觉不够完美。当Apple商店开张在即，乔布斯和他的店面指导——荣恩·强森突然决定延迟数月以重新设计店面的陈列，除了按产品进行分类，新的布局还要按照活动进行分类。

对于内部管理，乔布斯也苛求细节，力求员工做到完美。他会突然之间出现在忙碌的员工面前，然后刻薄地挑出对方工作上的毛病，如同给人当头一棒。

他甚至经常骂员工是傻瓜，但大多数人都对此习以为常。有一位员工回忆说："当史蒂夫说你是个傻瓜时，千万别当真。那并不说明他真的认为你是一个傻瓜。那只说明，他不同意你的意见或者某一个看法。"乔布斯对细节和完美的追求近似疯狂，他甚至在决定机箱外该使用何种黑色颜料时，会不厌其烦地比对几十种不同的黑色颜料样本，但又对每一种都不满意，这也把负责机箱制作的员工折腾得苦不堪言。

在设计 iPhone 的时候亦是如此。iPhone 的原始设计是将玻璃镶嵌到一个铝制的外壳中。某个周一的早上，乔布斯找到艾维说："我昨晚一夜没睡，我发现我不喜欢这个设计。"倒霉的艾维几乎瞬间就意识到乔布斯是对的。他回忆道："乔布斯的这个发现让我无比尴尬。"

问题来源于 iPhone 以屏幕为主的理念：现有的设计使手机的外壳过于突出，没有起到衬托的作用，整个设计给人的感觉过于硬朗和功利。乔布斯对艾维的设计团队说："伙计们，我知道你们在过去9个月为这个设计呕心沥血，但我们得重新来过，我们所有人都得在晚上和周末继续工作，或者，如果你们愿意，我这就发枪给你们，你们现在就毙了我。"设计团队没有反驳，他们同意了乔布斯的要求。乔布斯后来回忆道："那是我在苹果最自豪的时刻之一。"

在 iPad 设计的收尾阶段，类似的事情又发生了。有一次，乔布斯看着原型机，感到有那么一丁点不满意：它没有来去自如的随性和友好。它需要给用户传递这样一种信号：用户可以随意用一只手拿起 iPad。乔布斯和艾维决定 iPad 的底部应该是圆角的，这样用户就可以舒服地拿起 iPad 而不用将其小心翼翼地捧在手中。而这种设计意味着要把所有的接口和按键集成在向下渐变的一个椭圆形区域内。乔布斯一直等到实现了这一点才发布 iPad。

乔布斯的完美主义甚至延伸到那些看不到的地方。童年的时候，有一次他帮父亲在自家后院安装围栏。父亲告诉他花在围栏正反面的心思要一样多，乔布斯反驳道："没人会知道。"他父亲答道："可是你自己知道。一个真正出色的工匠用在柜子后面的木料和用在正面的木料一样好，我们在安装围栏的时候也应该这样做。"

乔布斯对完美的追求堪比一位艺术家。在主持 Apple Ⅱ 和 Macintosh 的设计时，他将自己学到的这一课运用到了电脑的电路板上，在两次设计中，他都让工程师重新设计各种插卡的走线，让主板看上去更漂亮。这种举动让 Macintosh 的工程师感到十分奇怪，其中一位抗议道："没有人会去看电脑主板。"乔布斯就像他父亲那样回答道："我要让它看上去尽可能地漂亮，尽管它封在机箱内。一个伟大的木匠不会在衣柜的背面使用劣质的木料，尽管没有人能看到。"

他告诉那些工程师他们是艺术家，他们应该像艺术家一样行事。主板重新设计好后，他请那些工程师和 Macinfosh 团队的其他成员在机箱里刻上了他们的名字。他说："真正的艺术家都会在自己的作品上签名。"

乔布斯对完美的追求使得他对每一款产品的流程都严格监控。如果看到自己呕心沥血设计出的软件在其他公司的蹩脚硬件上运行，他就会感到浑身不舒服。这种把硬件、软件和内容整合成统一系统的能力使他可以自始至终贯彻他的理念。天文学家约翰尼斯·开普勒曾说过："自然热爱简洁与统一。"乔布斯也是这么认为的。

乔布斯曾经说过："我相信最终是工作在激发员工们的能力，有

乔布斯及其苹果标识

时我希望是我来推动他们，但其实不是，而是工作本身。我的工作是使工作尽可能地显现美好，并激发出员工们的最大潜能。有时我分不清'将要怎样'和'可能怎样'的区别，也不清楚应该一步到位还是循序渐进。平衡理想和实际是我应该注意的地方。工作将是生活的一大部分，让自己真正满意的唯一办法，是做自己认为有意义的工作；做有意义的工作的唯一办法，是热爱自己的工作。你们如果还没有发现自己喜欢什么，那就不断地去寻找，不要急于做出决定。就像要凭着感觉去做事情一样，一旦找到了自己喜欢的事，感觉就会告诉你。这种感觉就像任何一种美妙的东西，历久弥新。所以说，要不断地寻找，直到找到自己喜欢的东西，不要半途而废。"完美主义的思想让乔布斯把自己特有的天才与执着的性格特点，以及按照他自己的规则玩游戏的脾气全部带入了自己创造的苹果公司。他全神贯注地追求梦想并且追求卓越，开创了一种新的企业文化，正是这种企业文化使得苹果公司成为创新的标志，并取得了令人惊叹的业绩。

细节是创新不可忽视的要素。乔布斯是重视细节、追求完美的"狂人"。美国一家投资银行的资深分析师保罗·诺格罗斯在一篇文章中写道："近乎变态地注重细节才是乔布斯的成功秘诀。"乔布斯为了重新设计苹果电脑专属操作系统的界面，曾经几乎把鼻子都贴在电脑屏幕上，以便对每一个像素进行比对。他说："要把图标做到让我想用舌头去舔一下。"他关心的是与产品有关的细节及其带给用户的体验。

苹果产品风靡全世界的经验告诉我们，创新就在我们身边，想要把创新精神贯彻到底，就要做好工作中的每一个细节。把每一个细节做到极致，也是一种伟大的创新。

　　将乔布斯视为偶像的雷军在对细节的重视上丝毫不逊色于乔布斯。小米科技在初创之时就被业界人士解读为——雷军正试图在中国复制乔布斯的苹果。但是，雷军做小米手机并不是让其成为苹果的复制品，小米手机是国内首款双核15G主频手机，为全球主频最快的智能手机，售价仅为1999元，一上市就被订购一空。雷军说："小米手机的优势就是它的性价比。"雷军指出，小米手机将以"能打电话"的智能手机作为突破口，解决智能手机的信号、待机时长等问题，用CSP模块，从起点开始提供完整的解决方案。在设计、运营和营销方面，小米手机都有自己的独到之处。这是小米手机的创新点，这些创新让小米手机有了自己的灵魂，而这些创新点是靠细节来支撑的，所以，小米绝不是简单的复制品。

　　小米手机的推出在手机行业刮起了一阵硬件创新风，而小米在软件方面同样重视。例如，小米手机的解锁系统看似只有很小的改动，但是却充分体现了一个企业是否真的对消费者用心。很多国际大厂商生产的手机到现在都没有解锁系统，这让一些追随者不得不转用其他品牌。小米手机的解锁系统让其界面不用受手机制造商的制约，可以随意更换原生界面或者第三方界面，对于开发UI（用户界面）起家的"小米"来说，这个小细节的改动确实是非常用心的。

　　小米手机无疑是雷军及其团队的一个伟大的创新作品，而其创新成功的关键就在于在细节上下了真功夫。20世纪伟大的建筑师密斯·凡·德·罗在被要求用一句话来概括其成功的原因时说："魔鬼在细节。"他反复强调，不管你的建筑设计方案如何恢宏大气，如果对细节的把握不到位，就不能称为一件好作品。细节的准确、生动可以成就一件伟大的作品，细节的疏忽则会毁掉一个宏伟的规划。

　　我们不难看出，每项创新都会给企业带来新的活力和高速的增长，而这些创新都不是什么轰轰烈烈的举措，而是对各个环节、各个局部的合理调整。正是这些细节上的不断创新，使小米公司运转得更有效，产生了更大的利润。

企业要真正达到推陈出新的目的，就必须做好"成也细节，败也细节"的思想准备。否则，所谓的创新只能是一句空话。企业要创新，必须加强对细节的关注。要想在残酷的社会竞争中立于不败之地，就必须警惕那些容易招致失败的细枝末节。

任何一项伟大的事业都离不开细节的积累，都需要聚沙成塔。注重细节，久而久之，形成习惯，就能不断趋于完美，最终带来巨大的收益。

三、产品，让细节尽在掌握中

工作和生活一样，都是由一个个细节组成的，这些细节往往能决定事情的成败，有时甚至决定人生的成败。很多时候，一个品牌的成败由我们对待细节的态度决定。有句话说："细节决定成败，态度决定一切。"只有细致入微，不放过任何细节，把每个细节都掌控在手，工作才能真正做好。

劳斯莱斯堪称完美的汽车，劳斯莱斯的品牌享誉世界，它是豪华高端汽车的代名词。而它的生产大量使用手工劳动，一直到今天，它的发动机还是用手工制造的，此外，它的车头散热器的格栅完全是由熟练工人手工完成的，不用任何丈量的工具，一台散热器需要一个工人花一整天的时间才能制造出来。

劳斯莱斯成为英国王室专用车已有数十年的历史，沙特和日本王室也都对劳斯莱斯情有独钟。劳斯莱斯的创始人亨利·莱斯是一个做事精益求精、追求完美的人。他经常说："小事产生完美，但完美绝非是小事。"1903年，莱斯买了一辆法国德科维尔轿车，但是由于经常出现故障，莱斯非常失望，于是他设计出一辆双缸发动机汽车。1904年，第一辆完全由莱斯自己设计制造的汽车完成，自此，绝佳的细节成为劳斯莱斯高贵品质的代名词。

认真做好每一件小事，成功就会不期而至，这就是细节的魅力，是水到渠成之后的惊喜。"不积跬步，无以至千里；不积细流，无以成江海。"许多企业都渴望成就伟业，却又不屑于做好小事和细节。展示品牌的完美细节很难，需要每一个细节都做到极致；毁坏成果很容易，只需一个细节出现意外。任何工作都需要在细节上下功夫，没有细致的精神与扎实的功底何谈成功。我们需常怀如临深渊、如履薄冰的心态，时时刻刻把工作做细，才能不断迈上新的台阶。为此需做到以下几点：

第一，精益求精，追求完美。

要解决好问题，首先要善于发现问题，要有"火眼金睛"，能"明察秋毫"。这就要求我们具备过硬的自身素质，要耐心、冷静地思考，努力增强发现细节的洞察力，提高解决问题的能力。

有研究表明，人类与青蛙的DNA的差异不到7%，普通人与爱因斯坦的DNA的差异也只有0.1%，但青蛙与人类、我们与爱因斯坦的差异却是天壤之别。我们只有在那些看似琐碎、简单的细节上自我较量，才能做得更好，企业才能成就不可复制的竞争优势。在工作中要做到最好就要全力以赴，即使0.1%的疏忽也会导致前功尽弃。在任何工作中，没有哪一件事情小到可以被放弃，没有哪一个细节细到应该被忽略。能100%做到的事情，就不要只完成99%。精益求精证明了一种工作作风：苛求完美，将工作做得无可挑剔，这正是"大国工匠"们所具有的可敬之处。

第二，品牌宣传，把握好"度"。

掌握好分寸，把握好"度"，是做人做事最难的一环，也是做品牌最难的一环。太过谨慎，难见魄力；稍有疏忽，又漏洞频出。因此，把握好"度"，是日常工作中修炼的要点。

事实证明，注重细节是提升效率的有效途径。实际工作中难免有一些细节开始不容易考虑到，但只要多留心，多学多问，就能把细节问题考虑周全。

细节来自用心。认真做事只能把事情做对，用心做事才能把事情做好。大凡成功者都是善于发现常被人们忽视的细节，能把小事做到完美，把每个细节都处理得当。只有具备高度敬业的精神、良好的工作态度，认真地对待工作，将小事做细，才能找到创新与改进的机会，从而提高品牌的知名度。

四、每个知名品牌的背后都有故事

在奢侈品上我们很容易看到品牌精神。爱马仕对皮子十分挑剔，只要有一点点瑕疵都会毫不留情地报废。100％的手工制作、严格的质量控制也是这个品牌遥遥领先的原因。

迪奥工坊坚持使用独特的工艺，产品全部是手工打造，选用高级而稀有的皮革。它不仅高度重视配件的质量，而且把每款产品都当成一件艺术品来打造。迪奥皮具拥有135种不同的颜色，6个系列的手提包款式，一共由5位专业的工匠分头打造，每个手提包需要3~5天的时间完工。而一只爱马仕手包，由同一个工匠，穿着皮围裙，拿着锥子和浸蜡的麻线，一针一线，用3天时间完成。爱马仕制作手包的方式是一种祖传的针法，叫作双骑马钉。这种针法只能靠手工完成，不能用缝纫机代替，爱马仕的工匠也因此个个练就了一身绝技。香奈尔手包的剪裁、贴合、缝纫、再剪裁、拼接、装上拉链、镶嵌扣眼、缝好搭扣、完成、包装等一系列工序，全都经过精心设计。每款香奈尔手包都需要6个工人直接或间接地参与，花费10多个小时，经过整整180道工序才能完成。而在正式开工生产前，还需要一周时间制出标准样品。一般来说，一个有30~40个款型的系列，所准备的原型样本往往会超过200~300个。正是这样诚心诚意的制作打动了无数女士的芳心：美国第一夫人杰奎琳·肯尼迪，影星罗密·施奈德、尼克·基德曼……都是这款手包的忠实顾客。其诞生60年来，每个时代的优雅女子，无不对香奈尔宠爱有加，而可可·香奈尔本人，更是这一经典手包永恒的精神偶像。

葆蝶家的Cabat包以编织为主要特色。在编织的时候，要用木质框架支撑，一体成型，整个手袋没有切缝接边。这是葆蝶家的传统工艺，需先把两块皮上下黏合在一块儿，裁成条状后，再由工匠编织，整个工程需要两个十分熟练的工匠花两天时间才能完成。手袋编织完后，还要经过手工蜡染处理，在皮条之间留下深色印记。这些工匠常年住在小镇上，只醉心于自己的工艺，他们中的很多人从来没出过国，但是，不知道世界上有多少人痴迷于他们的作品。

另一款能充分体现匠心的产品是竹柄包。竹节柄非常不容易制作，需要把竹子放在火上烤热，再由手工弯曲，只有力度恰到好处，弧度才可能完美，因此每款竹柄包的手柄都是不一样的。一只包光制作过程就要花费13个小时。黏包的胶水也是纯天然的，提炼自一种东南亚独有的甲壳虫。

这些奢侈品的高价并不单单是因为材料昂贵，更多的是因为它体现的手工技艺、每件产品所蕴含的高品质。产品的每道工序都像是一个动人的故事，每件产品都注入、渗透了工匠们的精神和情感。

这便是奢侈品背后的工匠精神，值得我们借鉴。我们需要潜心钻研，专注于自己的事业，把它做精、做专。不论何时何地，切忌浮躁，要用心来打造我们的每件产品。

五、工业时代品牌的精髓

"工匠"从字面来看，就是工人、匠人的意思，词典上的解释是具有技艺专长的人，技艺精湛，匠心独具。他们勤劳、敬业、稳重、干练，遵守规矩，一丝不苟；他们不断雕琢产品，改善工艺，享受产品在自己手中升华的过程；他们用作品获得金钱，但他们不仅仅为金钱而工作；他们耐得住寂寞，经得住诱惑，将毕生精力奉献给一门手艺、一项事业、一种信仰；他们执着、坚守、精进，不断追求产品的极致与完美。

所谓"匠心"，就是对工作执着、热爱的职业精神；对所做的事情和产品精雕细琢、精益求精的工作态度；对制造技艺的一丝不苟，对完美的孜孜追求，以及对工作敬畏、热爱和奉献的境界。正是这种精神代代相传，才创造出了无数精妙绝伦的工艺品，发明了各种各样别具匠心的新奇工艺和精巧别致的新型产品。

春秋时，鲁班发明了木工工具、攻城器械、农业机具、仿生机械等现在看来仍十分新奇的手工艺品；东汉时，张衡发明了能预测地震的地动仪；三国时，诸葛亮发明了能负重行走的木牛流马……

工匠们不仅善于发明创造，而且喜欢不断雕琢自己的产品，不断改善自己的工艺，喜欢享受产品在双手中升华的过程。工匠们普遍对细节有很高的要求，追求完美和极致，不断创造新的产品，不断提升产品质量，全身心地打造品牌。这是工匠精神的关键内核。

在工业时代，从近处讲，工匠精神是眼前一件件有价值的精美产品；往远处说，工匠精神是希望，是机遇，是未来的无限可能。在工业时代，追求规模和利润的"商人精神"大行其道，而那些在喧嚣中坚守的匠人却能摒弃粗制滥造，潜心精雕细琢，对细节之处精心考究，在细微之处追求极致，将艺术之美融入产品的精心创作之中，这需要耐力和韧劲。实践证明，正是那些对品质精益求精、追求极致并执着坚守的企业，才能保持旺盛的生命力，经久不衰。

据统计，截至2012年，寿命超过200年的企业，日本有3146家，为全球之最；德国有837家；荷兰有222家；法国有196家。

探究这些企业长寿的秘诀，大体是相同的，就是这些企业都对自己的品牌无限热爱，都对自己的行业高度认同，对自己的产品精益求精，并在不断的传承和发展中推陈出新，不断开拓，使产品越来越精美，服务越来越优质，进而成为行业的领跑者，传承几百年依然魅力不减，基业长青。

精雕细琢出精品。看看瑞士钟表、德国相机等，哪一样不依旧屹立在行业之巅？这些历史悠久的百年老店就是对工匠精神内核的完美诠释。

D'elia公司成立于1790年，总部位于世界著名的珊瑚小镇托雷德尔格雷科。这个小镇的面积仅30平方千米，却是世界著名的珊瑚加工中心，从全球各地打捞上来的野生珊瑚都被运到这个小镇进行加工，迄今为止已有400年的历史。

托雷德尔格雷科镇以珊瑚和贝雕出名，它坐落在意大利南部维苏威火山脚下，镇内教堂里供奉的马利亚圣母像手里拿着珊瑚枝，

2018 年中国自主品牌博览会陕西馆

戴着珊瑚项链，给人以深刻、鲜明的印象。

在很多人看来，托雷德尔格雷科镇是黄金之地，小镇的巨匠们精心制作的精美的珊瑚饰品远销世界各地，美名传遍天下，换取的财富也滚滚而来。这些都离不开工匠们的努力，一个个采摘自大自然的珊瑚经过他们的巧手变成了精美绝伦的饰品。

D'elia 公司是家族企业，历代掌门人都是知名匠人，企业的祖训是"不能让手工业者失业，要让他们有饭吃"。第二次世界大战过后，经济复苏，珊瑚行业也得到了前所未有的发展，D'elia 公司聘请的匠人数量一度达到 500 人，而正是这些能工巧匠的巧夺天工的手艺，让卡地亚、蒂凡尼等大品牌向 D'elia 公司抛来了橄榄枝，此后 D'elia 公司成为这些大牌唯一的珍珠、珊瑚饰品供货商。

200 多年的漫长岁月里，D'elia 公司也遭遇过很多挫折。但不管遇到怎样的风吹雨打或者其他行业的诱惑，D'elia 公司都坚持只生产三样产品：珊瑚、珍珠及贝雕。正是这样的执着和专注使他们生产的饰品保证了质量和名气，远销全世界。

六、当今时代更需要匠心品牌

互联网创业始于硅谷，通过科技改变生活的理念也首先在美国和西欧发扬光大。"工程师文化"和"黑客精神"是许多欧美科技创业公司的标签，例如 Google 和 Facebook，它们在短时间内借助资本的力量，利用创新的商业模式，迅速成长为规模庞大的跨国商业巨头。以互联网创业为代表的"新经济"自 20 世纪末开始，伴随发达国家的制造业外包，在全球化浪潮中发挥了重要作用。

在全球化工业化的进程中，中国成为"世界工厂"，经历了近

10年"粗放型"的经济增长，开始慢慢转型，向科技化、专业化转变。万科集团的创始人王石曾在上海发表演讲，指出中国将主导未来世界，并重新定义了"中国制造"的意义。

当下创业大潮正席卷我国，科技变革带来了"机器人""大数据"和"工业互联网"等概念，同时，我们不能忽略一点：中国无论是互联网还是传统企业普遍缺少一种东西，就是品牌精神。

"江户切子"是日本从江户时代流传至今的传统玻璃的雕刻技法，东京的尾岛先生家族三代均以此为生，其手艺传承最早可追溯到天保五年（1834）。在被问及几十年如一日从事同样的手艺，是否已经到了很高的水平，有没有感到厌倦时，尾岛反问道："怎么会感到厌倦？还有那么多东西没有学会。"

日本匠人宗田先生曾经在天皇面前表演过手艺，可他却从未在人前提起过，为当地的宗教活动制作神像的事倒是让他津津乐道。

锻造匠人川崎先生，锻刀时旁边就是熊熊燃烧的火焰，但是仍旧穿着整齐，他说这是"因为有双眼睛一直在注视着我，是神圣的意志"。为了防止空气中的尘埃影响刀的品质，锻刀时还要关上窗户，只留一个小小的通风口。在这样的状态下，锻造一把刀需要很长的时间。这就是日本刀的"魂"。

做不可替代的品牌，才是企业的魂。把事情做到极致，精益求精，这只是匠人的最低标准。除了精湛的手艺，机器生产无法取代匠人劳作的，是一种精神，这种精神融入产品里，配合匠人的高超技艺，制作出精美的产品。这是工业流程制作的产品无法替代的。

西方文化促进了工业的发展，食品工业、电影工业、汽车工业，一切可以大规模制造的产品，似乎都有了工业。但是东西方文化的差异，也让彼此的工业发生了不同变化。

在雷克萨斯汽车位于日本九州的工厂，员工培训中心的展板上写着：匠人是具有创造力和指导力、受到尊敬的人。意思是说，匠人除了技艺高超，有强健的体魄和专注用心的毅力，还要能够将手艺传承下来，教给别人。

不仅物质生产领域需要工匠精神，精神产品生产领域同样需要工匠精神。现今，我国每年生产的电影、歌曲何止千计，但真正传递中国文化的作品又有多少呢？

在科技发展日新月异，工业生产和消费主义摧枯拉朽的时代，企业和创业者的匠心精神，从某种意义上讲，要比公司的利润率、估值和营收都更加重要。

七、展望全球化 4.0 时代的工匠精神

从历史来看，全球化已经经历了三波浪潮，分别是全球化 1.0 即大航海时代、全球化 2.0 即英国和英镑时代、全球化 3.0 即美国和美元时代。

在升级了的全球化 4.0 版本中，中国必然会有全新的对外利益交换格局和策略。以贸易加深跨国经济联系，以投资输出产能和资本，并在这两个过程中嫁接人民币国际化战略，最终中国经济的影响力会伴随着人民币的国际化而提升。

2016 年 3 月 5 日，国务院总理李克强在政府工作报告中提到，鼓励企业开展个性化定制、柔性化生产，培育精益求精的工匠精神，增品种、提品质、创品牌。"工匠精神"首次出现在政府工作报告中，让人耳目一新。

总理为何要强调创品牌？因为这是我们欠缺的。李克强总理参

加一个有关钢铁煤炭行业产能过剩的座谈会时，举例说中国至今不能生产模具钢，例如圆珠笔的圆珠仍需要进口。1895年，圆珠笔就已经发明出来了，中国高铁、大飞机都造得出来，圆珠笔的圆珠竟然还不能生产！如果不是总理说出来，估计很多人还不知道。

品牌精神可以从瑞士制表匠的例子上一窥究竟。瑞士制表商对每块手表的每个零件、每道工序都精心打磨、专心雕琢，他们用心制造产品的态度就是工匠精神的思维和理念。在工匠们的眼里，只有对质量的精益求精、对制造的一丝不苟、对完美的孜孜追求，除此之外，没有其他。正是凭着这种凝神专一的工匠精神，瑞士手表得以誉满天下、畅销世界。

拥有工匠精神、推崇工匠精神的国家和民族，必然会少一些浮躁，多一些纯粹；少一些投机取巧，多一些脚踏实地；少一些急功近利，多一些专注持久；少一些粗制滥造，多一些优品精品。

上海飞机制造有限公司的高级技师、数控机加车间钳工组组长，人称"航空手艺人"的胡双钱说，经济学原理告诉我们，无论技术发展到什么水平，都离不开人这一最核心的生产要素，即便是制造工艺水平非常发达的波音公司和空客公司，也需要靠一些技能水平相当高的人员从事手工劳动。

为长征火箭焊接发动机的国家高级技师高凤林认为，机器是人能力的延伸，只能按照程序重复运作，但人能够不断实现改造和创新，这是机器永远无法代替的。"科学家脑中产生想法，工程师图纸施工实现工程化，工匠制造出产品"，三者缺一不可。

在当前及可见的不远的未来，传统制造业依然是中国制造业的主体，因此，倡导品牌精神尤为重要。品牌精神的培养需要高校和企业两个层面的努力，而现在高校教育缺乏实验性、动手性，应该

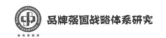

多进行一些实用性的教育。

八、品牌是这个时代的脊梁

在资源日渐匮乏的时代，重拾匠心，重塑品牌，是助推"中国制造"向"优质制造"转型的先决条件。

2016年，中央电视台播出的纪录片《大国工匠》讲述的是普通职工在平凡的岗位上做出不平凡的业绩，是让人敬畏和感动的"德技双馨"的真人真事，没有半点夸张。

这些平凡岗位上的劳动者，有老一辈劳模，也有当今的高科技建设者，这些可歌可泣的人物，不仅在平凡的工作中，更在精彩的艺术画面中，通过电视纪录片这个载体，让我们共同感受到了通过劳动改变国家和民族命运的一个个历程。

有的人能在牛皮纸一样薄的钢板上焊接而不出现一点漏点，能将密封精度控制到头发丝的五十分之一，这不是神话故事里的神奇力量，而是中国航天科技集团一院火箭总装厂高级技师高凤林身上最普通的工作经验。他是发动机焊接的第一人。0.16毫米，是火箭发动机上一个焊点的宽度；0.1秒，是完成焊接允许的时间误差，如此高难度的焊接技术，让人不禁感叹这究竟是技能还是艺术。技术与艺术、精神与工作，就在这样的岁月里刻成了极致。

《大国工匠》中的匠人是奋斗在生产第一线的杰出劳动者的代表，他们以聪明才智、敬业勤勉书写着一线劳动者的不平凡，为我们的时代和社会做出突出的贡献。

五千年华夏文明，中国的传统文化精髓讲究的也是工匠精神。我国历史上曾出现大量卓越的工匠，如善于解牛的庖丁、精于木工的鲁班等。当技艺达到了一定的境界，就能够增强精神的意志，达到技艺与精神更高层次的结合。正是工匠文化锻造了中国历史上的诸多优秀产品，那时我国的茶叶、生丝及丝织品远销海外……

产品质量是决定企业命运的关键。在资源日渐匮乏的时代，重塑匠心是企业品牌生存、发展的唯一出路。时代呼唤工匠精神回归，人们渴望由工匠精神打造出来的优质产品。

【本章小结】

品牌创新，就是赋予品牌要素以创造价值的新能力的行为，即通过技术、质量、商业模式和企业文化创新，增强品牌生命力。这样品牌创新就可分为质量（管理）创新、技术创新、商业模式创新和企业文化创新。在品牌创新的同时要结合品牌的工匠精神，努力打造品牌的市场竞争力，如此我们的民族品牌才能获得长足的发展。

第十章
品牌竞争力：无形资产评价体系

一、企业核心竞争力

企业发展到高级阶段，无形资产总量（总值）才是可持续发展的核心。

企业核心竞争力是指企业管理者在品牌产业运营过程中的决策能力，即能否带领企业全体员工让品牌产业在经济大潮中健康发展，能否面对瞬息万变的商业市场审时度势把握全局，让品牌产业开拓进取，不断提升品牌产业的规模和影响力。

企业核心竞争力能够体现品牌产业未来的发展。核心竞争力越强，说明该企业品牌产业在商业市场上越具备优势地位；核心竞争力弱，说明该品牌产业在商业市场难以立足，假如不在产品质量或者营销管理上加强运作，很快就会被商业竞争对手"挤"出商业市场，下一步就可能面临倒闭，由此可以了解企业核心竞争力的强弱对于企业品牌产业的重要意义。

企业核心竞争力涉及的因素很多，比如企业的凝聚力、企业内部管理、品牌产业科技含量、是否迎合广大消费者需求、品牌产业质量以及售后服务等。因此，企业的核心竞争力是企业整体的业务技能与企业文化的组合，能够让企业品牌产业在商业大潮中稳定发展，具备与商业对手竞争的优势，能够在复杂的商业竞争环境中保持企业稳定发展的动力。

企业核心竞争力主要包含以下几方面的内容：

第一，企业品牌产业具备的技术能力能否经得住时代的考验。

科学技术是第一生产力已经成为经济领域一条亘古不变的真理，企业要想取得长足发展，必须在科学技术创新方面有所成就。品牌产品科技含量高的话，其独特的使用功能可以在相当长时期内赢得广大消费者的青睐，使企业在时代发展中保持竞争优势。

第二，无形资产决定企业长期的竞争力。

在经营管理过程中，企业的无形资产比有形资产更为重要。企业想要拥有高竞争力的无形资产，必须进行系统的、持续性的投资，比如企业用于研发费用的支出。著名经济学家莱福曾说过：1万美元的研发支出，在未来可产生20%的投资回报率。因此，为了加强企业的竞争力，必须重视企业品牌的无形资产价值的增长。

第三，企业需要有品牌产业技术创新方面的人才。

当今经济的发展离不开靠科技的融入，品牌产品更需要高科技因素的融入和高科技人才的加盟。比如人工智能技术在品牌产业的应用，可以大大提高品牌产业在商品市场上的竞争力。不过，具备尖端科学技术需要有高科技人才，需要企业积极采用招聘、合作等形式吸纳人才专家，提升企业核心竞争力。

第四，企业文化的建设可以提高企业凝聚力。

现代化企业需要优秀的企业文化来支撑。优秀的企业文化可以让企业全体员工有机地团结在品牌产业周围，共同为品牌产业的发展努力工作。企业文化属于企业软实力因素，对企业的发展具有难以估量的作用。

第五，品牌产业在商业市场上的影响力。

企业的品牌产业要想获得发展，就需要让品牌产品在市场上具有影响力，即在广大消费者心中具有认购的优势地位，拥有众多品牌产品的忠诚用户。品牌产业影响力在一定程度上标志着企业财富的聚集能力。

总之，企业管理者需要精心打造企业核心竞争力，加强企业内部管理，合理调配企业人力物力资源，积极分析商业竞争对手的情况，努力吸纳高科技人才加盟企业品牌产业的建设，让企业核心竞争力得以提升，在商业经济大潮中立于不败之地，让品牌产品向国际市场迈进。

二、无形资产的价值

无形资产指的是企业本身具有或者能够掌控的、不具备实际物品的资产。比如企业核心竞争力就是一种无形资产。尽管无法在企业看到核心竞争力的具体形态，但企业核心竞争力价值可以决定企业的兴衰，左右企业的发展方向。因此，无形资产对企业发展起着举足轻重的作用。

企业无形资产包括：企业核心竞争力、品牌在商业市场的影响力（内含品牌产品专利权和商标权）等。无形资产是企业资产的一部分，同样属于企业发展的核心动力。企业的发展，不仅需要货币资金的投入，更需要无形资产的大力支撑。

品牌产业在商业市场中的核心竞争力是企业的无形资产。这种无形资产价值的高低可以决定企业今后的发展方向。核心竞争力价值高，说明企业品牌产业整体实力在商业市场占据优势地位。

企业无形资产的价值包含以下几个方面：

第一，在企业发展方面显示出来的动力，即有效支持企业发展的能力。

比如企业的核心竞争力，本身就是支持企业发展的核心动力。如果企业内部管理现代化，品牌产品高科技化并且迎合了广大消费者的需求心理，企业核心竞争力价值就会增强，企业的发展前景就会看好。假如对企业资产评估，核心竞争力的无形资产也是一笔非常可观的财富。

相反，企业在发展方面投入了大量资金，但企业内部管理混乱，各个部门的员工之间钩心斗角，没有将企业的发展放在心上。品牌产品在研发方面没有对消费者需求进行调研，所以产品难以迎合广大消费者的需求……这样一来，尽管企业外表上看设备齐全，建筑设施一应俱全，可整体价值就会大打折扣。因为这种企业的无形资产价值太低，品牌产业发展前景不被看好。

第二，无形资产在经受时代发展考验方面的能力。

企业的品牌产品科技含量高，营销人员专业能力强，且与广大消费者真心沟通，产品售后服务有口皆碑，这种情况下，企业品牌的无形资产的价值就会增大。反之，品牌产品老化，已经退出了人们生活用品的范围，营销人员工作积极性不高，产品售后服务不到位，这样的企业无形资产的价值就会非常低。

总之，企业无形资产是企业发展中不可缺少的动力，与货币资金投入一样，需要企业管理者下大功夫经营，提升企业软实力，让

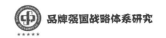
企业无形资产价值最大化，可以在一定程度上弥补资金上的差距，还可以让企业整体价值提高。

三、无形资产的分类

无形资产从定义上可以分为国外学说和国内学说，二者各有特色，内容涉及经济品牌产业领域以及人们日常生活中的方方面面。简单地说，无形资产存在于社会实际生活中，存在于经济发展中，其实际价值可大可小。比如人的素质，就是一种无形资产。高科技人才本身就具备价值，因此薪水要比一般员工高，这就是无形资产实际价值的体现。

具体到无形资产的分类，可以依据不同的方法来进行：

第一，按照无形资产的来源来分类。

1. 外购形式的无形资产：企业通过实际商业交易从其他企业购买的无形资产，比如产品生产技术。此类无形资产也可以通过业务培训形式来购买，还可以是人才引进。

2. 自行研发形式的无形资产：企业加强内部管理，积极聘请科研院校专家对本企业技术人员加强培训，进而造就出一批企业的高端技术人才，让品牌产业获得尖端技术的支持，扩大营销业绩。这种高端技术就属于自行研发的无形资产。

第二，按照无形资产的使用寿命来分类。

1. 使用寿命有限的无形资产。有些无形资产的使用时间有限制，比如版权、商标权、贸易协议等，需要依照国家法律条款来确定这类无形资产的使用期限。此类无形资产，需要在使用过程中确切估计使用时间，然后将使用成本恰切地核算在内。

2.有些无形资产在使用时间方面没有限制，比如非专利技术造纸术等、祖传中医偏方等。此类无形资产在使用时无须考虑其他方面的因素。造纸厂的造纸技术可以加入现代科技因素，但传统造纸技术尽管放心使用，这是中国传统的四大发明之一，使用寿命无限期。

第三，根据无形资产的可辨认程度来分类，这种分类方法有助于无形资产的核算。

1.能够辨认的无形资产：绝大多数无形资产都具备明显的标志或者可以通过一些信息分析辨认，比如品牌商标、品牌产品核心价值等，都可以通过视觉或者信息数据来辨认判断。

2.有些无形资产是难以辨认的，比如品牌产品的商业信誉，这种无形资产只能通过调查去评估。

总之，无形资产是社会生活尤其是商业经济中品牌产业发展不可缺少的组成部分，有利于品牌经济的健康发展，需要通过分类来具体核算。

四、无形资产的评价

无形资产在商业经济领域属于重要的资本，是企业核心竞争力的重要环节，是企业整体资产的重要组成部分。在企业涉及一些交易时，需要对无形资产加以评价（包括自身企业和对方企业），以便做出正确的判断。一般情况下，对无形资产评价包括以下几方面的内容：

第一，针对无形资产基本情况的评价，包括无形资产的实际拥有量和变动信息、无形资产构成部分、使用成本等。

1.无形资产实际拥有量及信息变动包括：无形资产类型、规模和变动信息、实际账目增减、使用期限等，这些数据可以为无形资产的评价提供必要的数据信息。

2. 无形资产的构成评价内容包括：无形资产与公司总资产以及流动资金的比例。通过这些数据信息，可以了解无形资产在未来发展中蕴含的潜力价值。

3. 无形资产运营成本评价内容包括：无形资产在具体投入方面的规模和已经收回的成本，根据这些数据，可以评价无形资产在运行发展中所需要的维护资金情况。

第二，针对无形资产使用情况的评价，包括无形资产运营情况和使用效果，根据这些数据评价无形资产的经济效益。

1. 无形资产运营情况和使用效果，包括企业对无形资产在人力物力方面的具体投入、运转情况的具体数据，然后判断无形资产对企业经济效益的影响。根据这些评价信息可以了解无形资产创造价值的能力。

2. 可以通过企业无形资产对企业经济效益的贡献情况，或者前后两个时段的数据对比来评价无形资产的经济效益。

第三，无形资产本身固有的价值分析评价，包括无形资产评估、增值保值情况分析以及效益贡献等。

1. 无形资产的增值保值情况，需要通过企业增值保值与无形资产的比率来分析评价。

2. 无形资产对企业经济效益的贡献，需要根据无形资产与企业总资产规模的比率数据进行分析评价。

无形资产是企业的重要组成部分，是企业核心竞争力的关键因素之一。因此，无形资产的具体评价，需要在公平公正的基础上进行科学分析，认真总结判断。在数据信息搜集方面一定要真实可靠，确保无形资产的评价准确无误，为企业发展提供有力的帮助。目前的无形资产评价体系是由中国商业联合会发布的《无形资产评价体系》（已在美国出版发行，并在国外注册了版权），这是一套科学且系统的评价体系，对企业进行无形资产评价具有积极的指导作用。

五、知识产权保护

知识产权在一定程度上可以定性为无形资产，尽管学术著作都有定价，但其背后蕴藏的价值绝非区区一本书的定价所能说明的。不过，学术著作本身需要公开发行，这就需要知识产权保护。当前，科学技术发展迅猛，品牌产业间的商业竞争日趋激烈，中国需要在知识产权保护方面加快建设步伐。

知识产权的保护可以让经济健康发展，更加有效地促进科技创新品牌产品的建设，对国家经济发展具有重要作用。不过，知识产权保护在具体运营过程中也有很多难处。比如，在两个不同区域的两个专业技术人员都在研究同样的项目，最后经过努力钻研之后都取得了效果，并且成果基本一样。这种情况下，知识产权应该归谁所有呢？

困难的确存在，但中国经济的发展必须加强知识产权保护，这是中国从经济大国向品牌大国发展的需要。针对经济品牌产业出现的专利、商标、版权、技术转让等，需要法律实施保护。

中国在20世纪已经建立并完善了知识产权保护的法律法规，加强了对专利的司法保护，在一定程度上适应了改革开放之后的经济发展战略。党中央国务院也十分重视知识产权保护工作，设立了国家知识产局，并在地方政府也设立了相应的知识产权保护部门，将知识产权保护列为政府工作的一部分。在具体流程方面，包括专利管理、专业审核、知识产权保护执法等，加强知识产权保护的具体措施。另外，通过教育、宣传和培训，及时向人们渗透知识产权保护的理念。

2008年，我国颁布《国家知识产权战略纲要的通知》，随后又陆续出台了《商标法》《专利法》《技术合同法》等法律法规文件，为国家知识产权保护提供了有力的依据，为我国知识产权保护打下了坚实的基础。

中国经济需要向国际市场发展，需要在知识产权保护方面和国际接轨。为此，中国已经参加了国际知识产权保护公约，为国际知识产权保护工作尽职尽责。

【本章小结】

无形资产总量（总值）才是企业可持续发展的核心。品牌作为无形资产的一个重要因素，如何定性评价？本章从企业的核心竞争力、无形资产价值、无形资产分类、无形资产评价及知识产权保护等几方面进行了分析论述。品牌的无形价值最终会转化为有形的经济效益，能够转化的品牌才是有商业价值的品牌。当然，打造品牌不能唯利是图，而是要给消费者提供所需的实用价值。

2018 年中国自主品牌博览会新疆馆

第十一章
品牌文化：创新和文化发展体系

一、创新是企业发展的原动力

企业发展需要动力，而创新就是企业发展真正的动力源泉，更是企业在商业市场竞争的有力保障。尤其是品牌产业，自主创新品牌产品的更新换代对其发展更加重要。当今时代是科技的创新时代，更是企业大发展的时代。唯有创新，才可以让企业核心竞争力得以提高，让企业品牌产业获得可持续健康发展的动力。品牌产业只有依靠不断创新才能促进发展，树立创新发展思维模式，进而让品牌产业在创新的道路上获得长足的发展。

从企业的发展道路可以发现创新的巨大作用。比如海尔集团，品牌主产品不断更新换代，足以说明创新对企业发展的作用，海尔洗衣机、海尔电冰箱、海尔空调、智能技术……通过品牌主产品创新，海尔集团让品牌产业获得发展动力，让创新品牌产品适应时代的发展，满足广大消费者日益提高的生活水平的需要。因此，创新是企业发展的基础，没有创新就没有企业的发展，需要企业紧紧围绕商业市场的变化而创新，让品牌产业通过不断创新适应不断变化的市场需要。

社会在发展，时代在变化，人们的消费需求观念也在不断更新。作为企业，需要紧跟时代变化的节奏不断自主创新，突破企业品牌产业发展的瓶颈，维持品牌产业创新的能力，时刻关注广大消费者的需求，并最大限度地满足他们的需求。

企业需要在商业市场的竞争中发展，而竞争对手也在谋求发展，这就要求企业品牌产业不断创新品牌发展理念，提高创新思维能力，让企业获得可持续健康发展的动力。思维模式需要创新，发展思路需要创新。思维一旦成为定式，就会穿新鞋走老路，就会成为企业品牌产业发展的最大阻力。唯有思维方式、观念理念的创新才能激发企业员工的活力。

企业员工也需要具备创新思维，这是时代赋予企业每一位员工的社会责任。人是创新的载体，创新需要科学技术人才的引导。人才是创新的基础，是企业品牌产业创新的核心要素，因此企业需要在人才引进方面加大投入，需要通过科技研发、业务技能提升、企业培训等措施有效推动在工作实践中的创新活动，促进企业创新发展。

总之，企业要想获得长足的发展，从高层管理者到基层员工都需要在观念上做到不断创新，让创新驱动企业品牌产业健康发展，在科技创新观念引领下实现企业品牌产业的大发展，实现从产品经济向品牌经济过渡转型，提升企业整体竞争力。

二、文化是品牌的核心要素

一个完善而成熟的品牌包括很多要素，诸如品牌产品的高质量、现代化的内部管理理念、有口皆碑的品牌影响力，等等。不过品牌的核心要素却是品牌本身具有的吸引广大消费者的独特文化内涵，而消费者就是通过品牌的独特文化魅力去认购品牌产品，让理性因素与感性因素有机地结合，成为品牌产品的忠实用户。

文化内涵是品牌的核心要素。一个品牌影响力的强弱取决于品牌的文化内涵，具有文化内涵的品牌产业才会吸引广大消费者不断去关注，去领会，去认购，犹如一位有故事的人，总能吸引观众或读者去关注，引起人们的兴趣。具有文化内涵的品牌也是一样，因此品牌的文化内涵需要积累，更需要精心打造。

享誉世界的著名品牌产业星巴克咖啡店，非常注重文化内涵，将西方休闲文化浓缩在小小的咖啡店里，让星巴克咖啡店名满天下，成为西方休闲文化的标志。相对而言，中国的天福茗茶则是中国传统茶文化品牌产业的代表。天福茗茶在企业运营过程中不断挖掘博大精深的中华传统茶文化，从而让品牌产业越来越兴旺。正因为天福茗茶品牌所蕴含的传统茶文化的巨大魅力，最终让天福茗茶品牌走向了国际市场。天福茗茶的运营理念就是不一味追求经济效益，而是力求将中国传统茶文化传播到世界各地。天福茗茶品牌的文化魅力，为其品牌产业带来几十亿元的营业额，创造了中国传统文化品牌的奇迹。

品牌背后的文化隐藏着深刻的价值和情感，也就是品牌的价值观念、个性品位和情感诉求。比如云南的过桥米线，有关它的传说情真意切，不仅让人念念不忘，其中对家乡的那份情感也感染了许多中国人。正是过桥米线蕴含的文化内涵，让远在他乡的游子在思念家乡时忍不住要尝一口家乡的味道，那一刻仿佛听到了乡音的问候，仿佛看到了远在天边的家乡。

相反，没有文化含量的品牌不会得到广大消费者的喜爱，原因就是品牌没有文化，就不会牵动广大消费者的思绪。不过，品牌文化也可以通过运营者在品牌产品经营过程中塑造，通过品牌产品的高质量和物质精神的完美统一，再加上高质量的产品售后服务，让广大消费者从心灵上获得高层次的满足和精神寄托。随着时间的推移，消费者内心深处就会对品牌产生一种文化眷恋，继而让品牌背后的文化因素增强，成为具有文化内涵的品牌。

品牌的文化可以使品牌产业具备强大的市场竞争力和扩张力，有时候文化因素会将产品质量因素碾轧，因为消费者认购的是情感，是一种品牌的品位、一种格调。消费者之所以对品牌情有独钟，是通过品牌文化重温品牌产业的文化价值。比如街头巷尾的煎饼果子，让到了西方世界思念家乡的游子备感亲切。熙熙攘攘的西方语音中忽然传来一声"煎饼果子"，会让异国他乡的中国游子黯然泪下。中国人对传统品牌的情感一样可以感染西方人，让西方人也加入认购蕴含中国传统文化的品牌产品消费者队伍中。

总之，文化是品牌的核心要素之一，但品牌产业的运营和打造绝对不可以单纯追求所谓的文化而放弃产品的质量。唯有高质量的品牌产品，再加上品牌的文化魅力，才可以让品牌产业兴旺发达。

三、品牌的发展和滚雪球效应

企业需要制定未来的发展战略和具体实施策略，让品牌产业在市场经济大潮中越来越兴旺发达。在具体实施的策略中，"滚雪球效应"曾经引发很多经济界人士的关注，被许多品牌产业管理者引用到品牌产业运营中。

"滚雪球效应"来源于冬天雪地上的一种游戏，就是一个小小的雪球在雪地上不断滚动，体积迅速变大，只要推动雪球的人有足够的力气，雪球的体积可以持续增大。这就是"滚雪球效应"的原始意思。

在经济领域中，企业品牌产业的"滚雪球效应"是一种发展策略，一般都是针对中小企业来说的，因为"雪球"起初是小雪球，只是在滚动过程中不断变大。"滚雪球"效应在企业发展过程中的具体实施模式是，中小品牌产业在当前区域市场上采用市场区域拓展的模式，在某一区域市场的品牌产品需求基本饱和之后，即可向新的区域市场发展，即形成"滚雪球效应"。具体的运营方式是：品牌产业在品牌产品营销上首先着眼于某一区域市场，其营销战略将这一区域市场实施"精耕细作"，力求将商业在这一区域做大做强，让品牌产品在这一区域市场占据绝对优势。接下来，品牌产品开始利用原来区域品牌的影响力向周边区域拓展市场。这种品牌产业发展模式即为"滚雪球效应"。

很多企业品牌产业在发展初期都采用"滚雪球效应"发展战略。比如著名企业阿里巴巴集团的发展策略，就是采用"滚雪球效应"。1999年发展初期，只有50万元创业资金的阿里巴巴采用积极的圈地"战术"，即通过为广大客户提供免费服务来吸纳客户（会员）。阿里巴巴通过这种"营销"模式逐渐稳定市场，然后开始拓展规模，让会员客户越来越多，从起初区区的几个电子商务企业，规模渐渐发展，最终在2005年让中国国内绝大多数的电子商务企业几乎都变成了阿里巴巴的客户，会员客户总数已经达到350多万个。就这样，从阿里巴巴起初区区几个会员客户的"小雪球"，到后来越滚越大，逐渐形成350多万个会员的"大雪球"。阿里巴巴还成功地用40%的股权换取10亿美元和雅虎在中国地界的全部资产，成功运用了"滚雪球效应"发展策略，成就了品牌产业发展上的奇迹。

企业品牌产业的发展都需要从中小企业开始做起，然后逐渐发展，将运营规模拓展。"滚雪球效应"发展策略适合这种发展模式，因此被世界上很多中小型企业品牌产业广泛采用。

"滚雪球效应"发展策略有以下几方面的优势：

第一，"滚雪球效应"发展模式对于企业品牌产品发展具有降低营销风险的效果。

"滚雪球效应"发展策略采取的是"步步为营"，可以进行阶段性总结，进行经验积累，而原来市场的品牌影响也可以扩散到未开发的市场，让产品营销的失误率大大降低。

第二，"滚雪球"效应策略对于企业品牌产业资源的增多，为再发展提供动力。

企业品牌产业在原先商业市场已经做大做强，获得了一定的经济效益，这时候，资产的积累就为下一步市场的拓展提供了充分的资源和经验。

第三，"滚雪球效应"发展策略有利于企业品牌产业稳步发展。

"步步为营"的战略，让"滚雪球"在市场拓展方面可以稳步发展。随着产业规模的渐渐扩大和品牌产业资金的积累，品牌产业在经验和技术方面都会越来越成熟，发展的脚步也逐渐加大。

总之，"滚雪球效应"发展策略是中小企业品牌发展战略的常用模式，在具体运营中的确具备很大的优势，也有很多企业应用"滚雪球效应"策略创造品牌产业发展的奇迹，值得广大企业学习参考。

四、品牌是传递企业精神的使命

一般情况下，企业的品牌不会轻易随意改变。品牌是企业发展的一面旗帜，企业全体员工需要紧紧围绕品牌产业努力工作。员工可以跳槽，管理人员也可以调换，不变的是企业的品牌。因此，品牌具有传递企业精神的使命，将企业担负的社会责任、正确的商业价值观念传递给新入职的员工和社会上的广大消费者。

企业的成立需要具有一定的社会价值和意义，而能够代表企业这些社会使命的就是品牌产业了。企业需要通过品牌产品的研发、营销策划、促销活动、品牌产品售后服务等一系列行为，将企业赋予的社会价值传递给广大消费者。诚信、和谐、公正、负责……这些正能量的价值观念通过品牌纽带的传递，让广大消费者及一些社会人士感受到企业的文化和精神。

一家企业从建立到发展，无不渗透着企业管理者以及全体员工的心血。没有团结奋进的精神和强大的凝聚力，打造一家优秀企业就无从谈起。正是企业全体员工的这种凝聚力以及遇到困难和挫折永不退缩的精神成就了优秀的品牌产业，并将这些企业精神注入品牌产品，然后传递到千家万户。

一家优秀的企业，从管理高层到普通员工都需要具备正确的价值观念，这就是企业的精神，是这家企业在社会上存在的价值和意义。比如华为公司，之所以能够迅速占领中国和海外市场，就是企业的品牌产品为中国乃至世界的广大消费者带来了生活上的便利，让广大消费者体会到了生活的美好。另外，华为手机品牌的高质量以及合理的价格、优质的售后服务让消费者体会到人间的真情，感受到华为企业文化、社会责任和团体精神。

优秀企业的精神和使命需要优秀的品牌产业来传递，优秀的品牌产品不仅能满足消费者的需求，还可以通过优质的服务向消费者传递正确的人生观和价值观，让生产者肩负的企业精神和社会赋予的责任通过产品的销售和服务传递给广大消费者，获得共鸣。

优秀的企业品牌向社会传递正确的价值观，传播正能量，可是，没有信誉的企业也会向社会传递扭曲的价值观。假如一家企业在建立之初就没有树立正确的价值观念，克扣员工的工资，在生产方面一味追求利益最大化，将劣质产品推向市场，以次充好，甚至还制造假货；营销员向消费者推销产品时满嘴甜言蜜语，等到消费者针对问题产品投诉时，接待员却是另一副面孔："你购买的时候怎么就不仔细看看呢？到家了说我们产品有问题，是不是你自己把我们的产品弄坏了呢？这谁能证明啊？"这样的产品，这样的服务，还会有消费者愿意信赖吗？这家企业早已将社会赋予的责任抛掷九霄云外了。这样的企业品牌传递的精神使命是不道德的，需要国家有关部门严加管理，必要时依法惩治。

总之，企业的建设和发展都需要有精神支撑，这是社会赋予其存在的价值和责任，最终形成企业精神，然后将这种精神使命融入品牌，向广大用户传递。社会需要正能量，这样才会越来越美好，越来越和谐。

五、如何运用社交媒体打造品牌

在当前的商业经济大潮中，需要高度重视互联网社交媒体。在互联网社交媒体的冲击下，许多传统企业品牌产业都受到了影响，比如银行金融产业，传统的活期存款、定期存款等业务正在"节节败退"，之前人满为患的银行柜台如今变得冷冷清清，颇有一种江河日下的感觉。的确，互联网的兴起对实体经济造成一定的冲击，同样也给实体经济的发展带来了新契机，即通过社交媒体来打造品牌产业。

运用互联网社交媒体来打造品牌产业，此举让经济界人士似乎难以接受。需要指出的是，未来的商业经济世界，不仅企业品牌产业离不开社交媒体，一些政府部门、机关、学校等也都需要在社交媒体进行形象推广。企业品牌产业应当走在时代的前列，运用社交媒体来打造新的营销模式，重塑品牌形象。

运用社交媒体来打造品牌产业，首先要针对品牌产品在社交媒体实施"点对点"推广，引起消费者的关注。然后通过高质量、多维度的传播，向消费者推广品牌的文化价值和个性形象。

运用社交媒体打造品牌需要按照以下步骤来具体实施。

第一，选择节日（这个时期属于社交旺期）在社交媒体上推出品牌产品的具体形象，然后与有联系的商家形成互动，引发社交群体关注。

第二，通过朋友圈不断推广，让微信成为品牌产品推广的阵地，必要时可以拍摄品牌产品的广告视频，增加推广的力度。

第三，根据社交媒体热点聚合的特征，及时吸纳粉丝来互动，通过不同的朋友圈向社会扩散，形成社会化品牌产品营销的模式。

通过这种社交媒体的推广，可以让品牌产品在社交媒体获得较大成功。这种品牌个性化形象＋社交媒体资源的综合营销推广模式，可以在短时间内完成品牌产品的营销，也可以节约品牌产品的广告营销成本，达到营销效率的最大化。

运用社交媒体打造品牌产业，需要清楚社交媒体互相传播是一种有意识的、系统并且稳定的品牌形象。社交媒体互动本身也是一种形象塑造的活动，品牌产业需巧妙运用才可以让互联网社交媒体成为企业的营销平台，继而让品牌产业通过互联网社交媒体完成自身形象的打造，既节省了广告的开支，也减轻了员工的工作量。

总之，利用社交媒体来打造品牌肯定是未来经济发展的一种趋势，需要企业管理者认真研究，转变观念，完成营销理念的转型。

六、打造互联网品牌营销

互联网品牌营销，其实就是企业品牌产业或者个人利用互联网作为推广平台，然后通过网络模式，在网络社交媒体打造品牌产业良好形象，最终将企业的品牌产品或者优质的服务推介给广大消费者，完成企业营销的活动。

互联网品牌营销对企业品牌产业来说益处多多。

第一，互联网品牌营销方式可以简化企业品牌产品进入商业经济市场的条件。

互联网属于开放式的市场，可以直通国际大市场。互联网上各种各样的客户基本都是通过互联网关注产品信息。只要企业品牌产品在质量和功能方面能够满足消费者的需求，品牌产品可以非常容易地进入互联网市场并完成营销活动。需要指出的是，由于互联网市场门槛相对实体市场来说比较低，导致互联网市场品牌产业竞争日趋激烈。

第二，互联网品牌营销，可以节省企业品牌产业在营销推广方

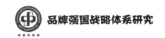

面的成本开支。

中国在几年前就已经成为世界上互联网用户量最多的国家。互联网可以将不同领域、不同品类的企业和用户联系在一起，企业完全可以通过网络将品牌产业产品以及服务推向国际市场，这样在品牌产品的广告投入方面能减少一大笔开支，还可以节省交通费用。企业还可以通过互联网和广大消费者直接沟通，方便了解消费者对企业品牌产品的反馈信息，让企业及时对品牌产品的某些功能加以改造。另外，企业还可以通过互联网了解广大消费者在品牌产品需求方面的信息，及时增加品牌产品类别，提高企业经济效益，同时减少大笔的营销、促销活动费用。

第三，互联网联系方便快捷，增强了企业与客户的联系。

互联网可以让企业品牌产品的营销业务不受时间和空间的限制，完全进入自由化营销运营模式，随时将品牌产业的市场拓展到国际市场，让商品交易进入更加广阔的空间。

互联网品牌产品一般都采用电子商务平台模式来实现营销，即让营销人员在互联网上直接面对消费者。在具体实施上，互联网品牌营销需要以下几个步骤：

1. 建立品牌产业招商网站，实施品牌产业专题策划，为品牌产业的营销做好铺垫。

这是互联网品牌营销的第一步。作为企业品牌产业，必须有自己的招商网站，这是品牌产业营销的平台，是与广大用户直接联系业务的专业平台，品牌产业需要在这个平台实现产品的营销。

2. 招商文案和信息需要在网站上及时发布，以此吸引消费者浏览企业品牌产业产品的有关信息，同时也吸引需要和企业品牌产业合作的企业关注。

3.互联网品牌产业广告营销信息正式发布，品牌产品进入营销阶段，企业与企业之间商务合作也由此开始。

4.对于消费者对品牌产品使用之后的反馈信息，企业有关人员及时回馈，确保企业信誉和售后服务质量。

总之，企业品牌产业通过互联网营销是大势所趋，并且和传统的营销模式相比具备很多的优势，今后必将成为企业品牌产业产品营销的主流模式。

七、社会化营销能给品牌带来什么

社会化营销指的是运用商业营销模式实现社会公益性质的目标，或者及时运用社会公益活动价值来实现商业营销活动模式。

社会化营销属于有意识改变部分消费者商业行为的工作策略，可以为企业品牌产业增加客户，即通过一些社会上的手段促使消费者改变购买的初衷，转而成为自己品牌产业的忠实用户。从这个角度上说，社会化营销能够给企业品牌产业带来客户量的增加。

企业要想在社会营销方面有所成就，就需要自己确定好产业定位和营销目标群体，因为不同的社会平台存在不同的客户，并且企业首先需要根据自身品牌产业定位来分析判断选择合适的社会平台。适合发展的客户群体在哪个社会平台里，企业就需要向哪个社会平台发展，进而通过社会化营销手段争取客户。

不过，社会平台比较复杂，什么样的客户都会出现，意想不到的情况随时都可能发生。因此，在确定社会平台目标之后，需要首先对这些社会平台信息数据实施检测，通过对社会平台上一些客户的了解以及对一些言辞的辨析，了解这些客户群体对品牌产品的需求心理，然后加以分析和判断，制定相应的营销策略，力求达到社会化营销的目标，让社会平台上的一些客户改变购买产品的初衷，继而成为自己品牌产品的忠实客户。

社会化营销是企业品牌产业发展的一种模式，可以给企业品牌产业带来以下几方面的变化：

第一，卓有成效的社会化营销可以为企业品牌产业带来更多忠实的客户。

企业通过对品牌的检测，能够及时搜寻到在消费理念上向自己品牌产业倾斜的客户。然后通过营销手段，让客户及时选购自己的品牌产品，达到了社会化营销的目标。

第二，社会化营销可以提升品牌产业在客户心目中的影响力。

社会化营销属于"多边战略"，可以面向许许多多的社会平台来实施营销战略。这样一来，企业品牌产业的影响力就会随着社会化营销而扩展，而营销力的扩展势必带来产品销售量的提升，进而提高企业的经济效益。

第三，有效的社会化营销，有利于提高品牌产业产品的综合竞争力，让品牌产业在商业市场竞争中占据优势地位。

社会化营销本身就是通过一些手段改变部分消费者消费的初衷，让其成为自己品牌产业的忠实客户的过程，这个过程本身就蕴含着自己品牌产品在商业竞争中获胜的意念。经过不断的社会化营销，企业营销人员在经验积累方面也会卓有成效，提升了企业商业市场综合竞争力。

第四，社会化营销可以为企业带来经济效益的提高。

社会化营销可以给企业带来客户量的增加，从而为企业带来经济效益的增长。

总之，社会化营销属于企业营销的一种模式，在具体实施方面的确可以为企业的发展带来很多利益。不过，社会平台众多并且复杂，需要企业营销人员认真了解社会平台的信息数据，选择合适的营销策略，完成营销任务。

八、品牌自媒体的顶层设计

所谓自媒体，就是媒体已经自主化和平民化，人人可以通过互联网媒体自由发表自己的观点，自由阐述对某些品牌产品的看法。自媒体的聆听对象是不确定的，可以是几个人，也可以是几个机构、几个群体。自媒体平台形式包括：互联网博客、微信微博、百度官方网站、论坛、贴吧等。

由此可以了解自媒体的特征，即是普通大众主导的信息传播，并且在传播形式方面复杂多变，可以成为企业品牌产业中企业与客户的交流平台，还可以是企业与企业之间实施贸易洽谈的接触点，也可以成为品牌产品向广大消费者发布产品信息的"广播站"。因此，企业品牌产业完全可以通过自媒体来发展营销业务，而这么做首先需要完善自身品牌的顶层设计，因为这样可以让广大消费者通过品牌完美形象来认购品牌产品，也可以让具有合作意识的企业通过品牌设计形象判断企业的实力，以便下一步和企业洽谈合作项目。

品牌产业自媒体顶层设计需要注意以下几方面的问题：

第一，品牌产业的自媒体设计需要突出品牌文化内涵。

自媒体上的品牌设计必须突出品牌文化内涵，消费者可以从中感受品牌产品的企业文化，加深对品牌的印象。如果品牌自媒体设计没有品牌文化含量，消费者就不会对品牌产品产生兴趣。

第二，品牌自媒体设计需要包含品牌产品信息，利于广大消费者选购产品。

互联网时代是自媒体爆发的时期，更是信息爆发的时代。客户浏览品牌产业网站关注的首先是产品的信息，包括产品的价格走势、新产品的功能等，需要让广大消费者一目了然。

第三，品牌自媒体设计需要新颖独到，以吸引更多的人浏览，进而扩大客户量。

在具体设计方面，品牌自媒体品牌形象的设计要避免老套。当前自媒体品类繁多，令人颇有目不暇接之感，遇到老套的形象设计，有些客户说不定就会迅速关闭，进入下一家品牌网页，这样就不能让客户及时了解情况，时间长了，客户就会流失。

第四，品牌自媒体设计需要一次定位，避免不断修改，以免让品牌产品忠实的客户误以为品牌产业"改头换面"，对品牌产品的认购产生动摇心理。

品牌自媒体的顶层设计，可以吸引更多的客户浏览品牌产业的自媒体网站，通过对品牌形象设计中产品信息的了解，加深对品牌的印象，继而提升品牌产品的用户量，扩大企业产品的销售额，提高企业经济效益。

【本章小结】

品牌建设的要点是打造深入人心的、独树一帜的品牌文化，而品牌文化是企业文化不可或缺的重要组成部分，本章从八个方面谈了品牌文化建设，重点讲了品牌创新和如何建立品牌文化发展体系。创新是企业发展的原动力，也是品牌文化的核心内容，没有创

新，品牌就不可能发展。没有创新，品牌必将最终走向衰落。品牌
建设其实是专注于打造品牌的企业文化建设，不是摆样子，而是把
品牌文化深深地嵌入到企业的血液里。品牌打造和发展具有所谓的
"滚雪球效应"，开始的时候很艰难，但只要坚持不懈，一旦品牌逐
渐形成，名气越来越大，那么品牌的影响力就会迅速增大。品牌蕴
含着企业的精神和使命，打造企业和产品的品牌，也就是将企业的
追求传递给社会和消费者。网络时代具有信息传递快和传播广的特
点，打造品牌需要积极利用网络的力量。

第十二章
品牌交流：国际合作与文化融合体系

一、什么是品牌战略

品牌战略，简单地说就是企业将品牌产业发展作为核心竞争力，在企业运营过程中以获取差别利润与经济效益的发展战略。

当前，经济领域企业品牌产业发展已经成为"重头大戏"，所以有关品牌产业发展战略的理论研究也成为经济领域里的重大研究课题。企业需要快速发展，制定品牌产业发展战略是首要举措。在品牌战略的具体制定上，企业需要彰显品牌产业发展与企业发展战略的协调关系，更需要突出表现企业品牌的文化内涵。

品牌战略包括以下几方面的内容：

第一，品牌产业的定位。

在企业品牌产业定位方面，首先需要解决品牌产业属于制造商品牌还是属于经销商品牌，是企业自主研发品牌还是加盟品牌的问题，简单地说，就是企业发展需要选择走什么样的经营道路。这方面，需要根据企业自身条件来决定。比如，企业本身具备强大的高端技术研发人才，并且在创新品牌产品研发方面已经有所规划，这种情况下，企业自然可以选择自主研发品牌产品的道路，选择企业制造品牌。可是，如果企业不具备高科技尖端人才，那就只能走加盟品牌产品战略道路了，即经销商品牌。

第二，品牌产业构架定位。

在企业的品牌产业发展方面，还需要解决品牌产业产品的架构问题，即要经营单一品牌主产品，还是要将品牌多元化产品一起运营，这就是品牌产业中的品牌结构。品牌产品多元化运营，主要有主品牌产品和次品牌产品，但在质量上没有主次之分。品牌架构的定位，同样对品牌产业的发展起到关键性作用。比如日本丰田汽车准备进入美国高档汽车市场，就放弃原来的品牌而改头换面成"凌志"。日本人这么做就是为了提高丰田汽车的档次，让丰田汽车成为与"奔驰""宝马"同一类别的汽车。

第三，品牌标识的识别定位。

品牌定位，就是希望得到广大消费者对品牌内涵的认同。这很重要，能够在一定程度上决定品牌产业发展的远景。企业品牌的内涵包括理念识别、行为识别及符号识别，这三项内容基本涵盖了品牌的内涵和外延。比如中国海信品牌标识的定位，就确立为"创新科技，立信百年"，将品牌标识的内涵定位在创新，这让海信公司的品牌核心价值迅速提高，品牌综合竞争力也得到提升，很快成为家电行业里的佼佼者。

第四，品牌产业延续发展规划定位。

对于未来的品牌产业发展，同样需要企业管理者有规划定位，这样可以避免企业品牌产业在发展方面走弯路，还可以让品牌产业

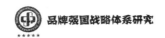

延续发展，力求品牌产业业绩最大化。

第五，品牌产业综合价值管理以及发展远景规划定位。

"人无远虑必有近忧"，企业品牌产业的发展不仅在现阶段需要加强业务管理，更需要对未来发展远景有所规划。时代在发展，科学技术在发展，广大消费者的消费需求也在发展变化，品牌产业未来发展远景也需要有定位。

品牌战略的关键问题是要品牌产业及时洞察广大消费者的需求变化，深入了解消费者消费理念的变化，研究消费者购买该品牌产品的动机是什么，根据这些信息数据来规划品牌战略，让品牌战略适合企业品牌产业的发展。

不过，品牌战略在规划之后，也可以根据商业经济环境的变化做适当调整。并不是说制定品牌战略之后就一劳永逸，同样也需要为了品牌产业的发展及时调整，避免品牌产业在发展过程中出现失误。

二、品牌战略实施中需要注意的问题

品牌战略规划定位之后，就需要根据企业品牌产业的发展来具体实施品牌的战略，根据产业发展的具体商业经济环境来制定实施步骤，让品牌战略付诸企业发展的实践。

在品牌战略的具体实施上，需要注意以下几方面的问题：

第一，品牌产品实际销售过程中的独立性。

企业品牌产业在发展过程中有时候会出现供不应求的状况，即企业品牌产品生产车间需要整日忙碌，产品依然不能满足市场需要。产品生产提速的同时更需要注重产品质量。这种情况下，品牌战略规划可以暂时搁置一旁，企业上下全力以赴抓产品生产。不过，品牌产业在发展过程中同样也会遇到产品销售的瓶颈，如企业库存量大幅度增加，遇到这种状况，可以将品牌产品的独特卖点挖掘出来，传播到广大消费者中，力争实现销售额的最大化。

第二，品牌产业的形象需要在品牌战略中突出体现。

同类别、同功能的产品有时候在外观上很难区分。这样一来，品牌产品的忠实消费者发现与自己一模一样的企业品牌产品，说不定就会因为对方产品价格便宜而"变心"，导致品牌产品在销售方面出现下降趋势。这种情况下，需要在品牌宣传上将自己品牌产品的独特性传播给消费者，避免出现品牌混淆的现象发生。

第三，品牌产品需要在功能特点方面加强定位。

品牌产业的发展都会遇到同样功能产品的竞争，也会在发展中互相干扰。比如汽车，品牌多如牛毛，同等价格的汽车品牌非常多，造成消费者在具体购买中产生困惑，这样也容易让品牌产业的忠实客户流失。假如在品牌产品的功能设计上独特一点，或许可以让自己的品牌产品"独领风骚"于同一类别的产品中。比如，奔驰汽车比较适合"声望"，宝马汽车比较适合"驾驶"，而法拉利则相对"速度"一些。经过这些功能特征的标识定位，让这个功能特征成为品牌产业的标识，让广大消费者根据这些功能特征来认购。

第四，品牌产业需要在内部管理上配合品牌战略的发展。

假如企业品牌产业只是紧盯产品的销售以及售后服务，而忽视了企业内部管理，品牌产业发展的后顾之忧，即产品质量问题很快就会出现。品牌产业的发展，企业内部管理必须提到非常重要的位置，不然品牌战略就会变成几张废纸。企业只有严格制度管理，才可以让品牌战略顺利实施，让品牌产业有序地发展。

第五，品牌战略的具体实施以及产业发展需要彰显品牌文化内涵。

品牌产业的发展本身就是品牌文化的发展，品牌产业的发展过程就是品牌文化在广大消费者内心逐渐渗透的过程。品牌产业忠实的客户往往看中的是品牌产业背后的文化内涵。品牌文化内涵是企业核心竞争力的主要因素，需要在品牌战略发展过程中得到具体体现。

第六，品牌战略的实施需要具体规划，更需要在发展过程中加强品牌的管理。

品牌战略的具体运营模式需要有所规划，需要为忠实的客户提供有价值的品牌产品，将业务模式与商业模式有机地结合起来。另外，品牌的形象同样需要在品牌战略的实施过程中得到体现，因为品牌是消费者接触品牌产业的第一层面，是对品牌产业的首要印象。

总之，品牌战略在具体实施过程中需要注意的问题很多，需要品牌产业发展管理层认真研究，将品牌产业的战略合理执行下去，确保品牌战略有效实施。

三、开展国际品牌交流

中国已是经济大国，正在向经济品牌强国迈进，中国的企业需要从产品经济向品牌经济转型。所以，中国经济需要同国际接轨，需要积极与国际经济品牌开展交流活动，为中国品牌产业向国际发展做好准备。

中国在经济品牌与国际交流方面已经有所行动，最为著名的就是博鳌论坛。2001年2月27日，由25个亚洲国家与澳大利亚共同在中国海南琼海市的博鳌镇正式成立博鳌论坛，旨在通过国际经济间的对话与合作，有效地促进亚洲与其他地区的经济交流。2018年4月8日，博鳌论坛2018年年会在海南博鳌召开，年会主题定为"开放创新的亚洲，繁荣发展的世界"，中国国家主席习近平应邀出席并发表了重要主旨演讲，彰显了中国政府对中国经济与国际品牌交流的重视。

国际品牌交流就是国际经济产业之间的交流，通过经济产业交流，实现中国品牌产业与国际经济的接轨，让中国经济品牌产业走向国际市场，进而得到更大的发展。

一般情况下，开展国际品牌交流的方式有以下几种：

1.品牌产业选派员工到国际品牌产业参加培训。

企业培训是企业发展的重要一环。品牌产业可以积极和国际品牌产业联系，然后选派部分员工到国际品牌产业参加学习，也可以参加国际品牌开设的品牌产业培训学习班。通过直接接触交流来学习国际品牌的发展经验。

2.通过国家机构邀请国际品牌产业来国内品牌产业参观交流，了解国际品牌发展的先进经验。

开展国际品牌合作需要注意以下几方面的问题：

第一，国内品牌需要紧紧抓住有利时机，积极向国际品牌产业学习发展经验。

我国市场经济发展是在改革开放之后，在品牌产业发展方面起步比较晚，在与国际品牌产业交流过程中，可以及时学习品牌产业的发展经验，做好品牌产业发展经验积累，为自己品牌产业的发展和进入国际市场做准备。

第二，开展国际品牌交流，要维护国家经济品牌形象，对一些

中国品牌发展国际论坛主题之一——省长对话

涉及国家民族声誉以及国家机密的问题，需要引起注意。

国际品牌产业交流也是一种国际活动，同样有国家与国家交流的成分，因此需要言辞慎重，尽量回避影响国家和民族声誉以及涉及国家机密的内容。

第三，国际品牌交流过程中，需要注意不同民族间的文化渗透，加强品牌文化间的相互融合，为品牌产业进入国际市场做准备。

国际品牌产业交流，其实就是品牌文化之间的相互学习借鉴，需要及时吸取国际品牌文化特色，同时将自己品牌的文化推向国际。

总之，国际品牌交流对于我国品牌产业的发展至关重要，需要国家有关部门积极引导，给民族产业品牌创造条件和渠道，让国内品牌产业融入国际市场，使品牌产业做大做强，为国家经济大国向品牌大国转型做贡献。

四、引进国外品牌建设经验

通过国际品牌的交流，可以学习国际品牌的先进经验，及时将这些品牌建设经验引进品牌产业建设中，让品牌产业得以快速发展。

第一，韩国品牌产业建设的"身土不二"原则。

国家品牌产业的发展需要国家政策的扶持。2001年，韩国开始培养民族品牌产业国际化计划，采用分类指导的模式，鼓励国内品牌产业向国际市场发展。对国家核准的品牌产业，国家积极提供品牌产品技术、国际营销策略规划经验，然后开展培养计划。经过一系列的培育，到2010年韩国有1000多种产品成为国际市场上的名牌产品，而在韩国国内，消费者使用国内品牌产品量高达90%，国外品牌产品在韩国只能占到10%的份额。这就是韩国品牌产业的"身土不二"原则。

韩国的品牌产业发展的"身土不二"策略，不仅让本土品牌产业在国内的销量实现最大化，还可以鼓励国内品牌产业向国际市场发展，通过国家政策扶持，诸如三星电子、爱茉莉太平洋集团等，已经将韩国品牌产业发展深入到现代人们的生活中。

韩国品牌产业的发展，不仅得到国家政策的扶持，还注意本民族传统文化的继承和发展，让民族文化随着时代的发展不断加入时代元素。

反思我国的品牌产业发展，部分品牌产业只顾商业利益的提高，忽视品牌产业信誉，甚至通过制造假货来骗取广大消费者的心血。中国品牌的发展，需要学习韩国品牌产业发展的先进经验，注重产品质量和商业信誉，更要继承我国优秀的民族文化，让我国品牌产业走向国际市场。

第二，日本品牌产业发展特色：注重"精致时尚"的品位。

目前日本品牌产业基本都是由第二次世界大战之后的一些中小型企业发展而来，足见日本品牌产业发展的速度。第二次世界大战之后，日本为了鼓励经济发展，就模仿国际品牌产业的发展模式，采取"高品质、高稳定性、高功能商标定位"制度，即"G标志"，鼓励日本品牌产业以精致时尚的产品赢得广大消费者。即便到了现在，大多数日本人仍然了解"G标志"蕴含的意义。

日本企业的发展对我国品牌产业的发展有积极的借鉴意义。很多日本品牌历经百年，依然焕发出勃勃生机。以中国人熟悉的日本东芝公司为例，其自1875年创立以来，起初以半导体为主导品牌产品，后来随着科技的进步，发展成为电子科学技术领先于国家同类品牌产业的国际著名品牌产业。纵观东芝公司品牌产业的发展，有以下经验值得我国品牌产业借鉴：

1. 品牌产业突出信念特色。

东芝公司的品牌产业信念是"自由豁达"，并将这样的信念灌输到东芝公司的所有员工思想中。在工作上，力求做其他品牌产业不想做的事业，做企业品牌产业做不到的事业，努力在品牌产业的发展上追求梦想。

2. 东芝公司员工精益求精的工作态度。

东芝公司员工在工作上追求专注与精致，力求在品牌市场上让产品独一无二，并在技术方面不断开拓创新。1961年，东芝公司研发制造出世界上第一台分体式空调。1981年研发制造出世界上第一台变频式空调。这种让品牌产品技术在国际市场"独领风骚"的精神，非常值得我国品牌产业效仿学习。

3. 东芝公司重视核心价值观建设，并将其作为企业文化灌输到全体员工思想中。

相比一些中国企业品牌产业只停留在字面或者口头上的企业文化，日本东芝公司要求来自不同国家的员工力求完成多元文化的融合，追求产品质量和信誉，提高东芝公司的核心竞争力。

日本品牌产业的发展对我国品牌产业有非常重要的启示意义。问题的关键是，需要国内品牌产业学习日本品牌产业先进发展经验，不要只停留在书面或者口头上，需要切切实实体现在工作中。

第三，"整体推进"模式下的德国制造。

一百多年前的德国工业，同样处于设备陈旧，制造工艺粗糙，劳动力价值低廉的状况。德国品牌产业在国际上的信誉时常以"发展中国家"技术不成熟的产品模式出现。工业革命之后的19世纪末期，德国品牌产业得到了飞速发展，著名的宝马、西门子等名扬天下的品牌已经在国际市场上崭露头角。

德国政府在品牌产业的管理上遵循三条原则：

1. 努力为品牌产业打造公平自由的商业竞争环境，政府部门必要时可以介入，但不会主动干涉，努力鼓励品牌产业公平竞争。

2. 国家司法部门以及有关经济机构需要确保广大消费者的合法权益。

3. 鼓励品牌产业开展技术革新，积极研发新品牌产品。

德国品牌产业的崛起经验值得借鉴，可以给予中国品牌产业如下启示：

1. 品牌产业管理层需要加强品牌产品质量的监管，确保产品质量。

2. 产品质量代表中国制造的形象，更能体现品牌产品的整体质量。作为品牌产业管理者，应该对品牌产品质量负责，确保产品质量不会出问题。

3. 国家政策需要重视并积极扶持中小品牌产业的发展，积极为中小品牌产业提供力所能及的帮助。

以上列举的是国际市场上韩国、日本、德国品牌产业发展的先进经验，也指出了我国品牌产业需要向这些国家品牌产业学习的方面。需要说明的是，国内品牌产业对某些国际品牌产业经验要批判式借鉴。

五、与国外优秀品牌学院合作

目前，成立品牌学院的国家只有德国。德国汉堡品牌学院是世界上首先将品牌产业作为教学与研究科目的高等院校，其课程内容比较契合经济发展的实际，学术队伍具有几十年品牌产业规划设计和管理的经验，其优秀的教学质量引起国际品牌产业的广泛关注。在汉堡品牌学院，来自世界各地的学子经过学习和培训，都具备创新思维，敢于面对市场的挑战。

德国汉堡品牌学院是适应国际品牌产业发展而设立的，其宗旨同样是为了国际品牌产业的发展。当前，中国正处在从经济大国向品牌大国发展的瓶颈期，亟须品牌产业理论的引导，更需要品牌产业方面的人才，以此推动中国品牌产业健康发展，进入国际品牌产业大市场。

中国品牌产业的发展需要理论基础。北大品牌研究所为中国品牌产业发展提供了有效的理论指导。不过，中国品牌产业需要和国际市场接轨，学习国际知名品牌产业的先进经验和管理技术，加强中国的品牌产业和品牌科研机构与国际优秀品牌学院交流合作。

与国外优秀品牌学院交流合作，有以下几种模式：

第一，加强国内品牌学术机构或者品牌学院与国外优秀品牌学院学术交流，完善中国品牌产业理论体系建设。

中国品牌产业理论研究起步较晚，需要和国际优秀品牌学院加强学术交流。可以聘请国外优秀品牌学院学术代表来我国品牌学术机构讲学，也可以邀请国外品牌产业专家开展国际品牌产业发展论坛，在学术交流的同时，也学习到国外品牌理论知识与实践经验。

第二，委派我国品牌产业员工到国外优秀品牌学院培训学习。

员工培训是企业发展的动力源泉，尤其是品牌产业，更需要在员工培训方面做出努力。当前，品牌产业亟待向国际市场发展，需要品牌产业的员工在思想理念上具有国际品牌产业的意识，更需要国际品牌产业发展的理论指导。因此，委派员工到国外优秀品牌学院参加培训学习十分必要。通过学习，可以了解品牌产业的发展理论，也可以借此机会到国际品牌产业参观。

第三，品牌产业与国外品牌学院建立合作关系，积极引入国外先进的品牌产业运营经验。

国家有关部门应该为品牌产业与国外优秀品牌学院牵线搭桥，让国内品牌产业与国外优秀品牌学院建立合作关系。这样，国外优秀品牌学院的专家可以来到国内进行实地指导，提出合理化建议，引进国外品牌产业发展经验，有利于品牌产业的发展。

另外，与国外优秀品牌学院合作需要有谦虚的精神，不可妄自尊大。尽管中国文化博大精深，可中国的品牌产业尚在起步阶段，需要向人家学习。

总之，与国外优秀品牌学院合作有利于中国品牌产业的发展，尤其是当前中国企业正面临产品经济向品牌经济转型过渡，非常需要加强交流合作，既可以完善中国品牌产业发展理论，也可以为中国品牌产业发展提供指导。

六、品牌发展从全球到本土

品牌产业需要向国际市场发展，经济需要全球化，这是经济发展的趋势。应当看到，中国制造在一定意义上代表的是价格低廉和质量粗糙。不过，也有一些中国品牌走在国际市场前列，比如中国高铁，其高质量和高性能赢得了国际市场的一致好评，给中国制造带来了美誉。

尽管如此，真正国产品牌产品的质量和价格都难以和国际品牌产品相提并论。比如汽车，合资的品牌非常多：大众、丰田、现代……相比之下，国产车往往难以和这些合资品牌的汽车匹敌。因此，中国品牌产品从本土走向全球，首先要在质量上提高水准。

在向国际市场发展中，国内品牌的代表是海尔公司和 TCL 公司。相比海尔集团公司的品牌扩展战略，TCL 公司在国内和国际市场分别采取不同的发展战略，在合适的时机收购国外品牌产业，通过收购德国的施耐德公司，TCL 公司让品牌产品赢得了欧洲市场，成为国家知名品牌产业。

总之，中国品牌产业向国际市场发展的模式多种多样，企业品牌产业可以依照本企业的竞争环境来选择合适的发展模式。不过重要的一点是，品牌产业进入国际市场，产品质量需要过硬，产品售后服务更要优质化。

在品牌产业走向国际市场之后，国际化品牌产业的终极发展目标又会转向本土化。这同样是国家品牌产业发展的趋势。当国际化品牌发展到一定程度之后，为了强化综合竞争力，一些国际化品牌产业选择走综合品牌的战略模式，即"跨国公司本土化"，将许多品牌产业的品牌产品综合起来形成综合性产品。这样一来，不仅可以节省一大笔广告推广的费用，还可以几种品牌产品集中打造成综合品牌产品，进而让综合品牌产品影响力增强，提高品牌产业在国际市场上的知名度，让消费者感到品牌产业更加专业化，有利于品牌产业的下一步发展。

品牌产业从国内市场向国际市场发展是国内经济发展的需要，而国际品牌产业需要从国际市场向本土化发展，同样也是经济发展的必由之路。

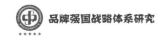
七、正确理解全球品牌的威胁

2017年的某日，美国著名报纸《华尔街日报》刊登了一篇文章，说世界著名高档品牌手机苹果在中国市场的销售正受到中国品牌产品的威胁。此举让国际经济界人士大吃一惊，中国品牌产业经过一段时期的发展，已经可以与国际知名品牌产业产品展开竞争，在品牌实力方面让国际市场上的某些品牌产业感受到了"威胁"。

中国的品牌产业产品让国际知名品牌产品感到威胁，透露出几大信号：

第一，中国品牌产业经过发展，已经具备与国际知名品牌产品竞争的实力。

假如中国品牌产品在质量上依然粗糙，功能单一，相比国际知名品牌产品相差万里，这种情况下是无法对国际知名品牌产品构成威胁的。这只能说明中国品牌产品已经在质量和功能上足以和国际知名品牌产品相媲美。加之价格上的优势和国内广大消费者的民族情感，在产品销售上对国际知名品牌产品构成威胁。

第二，说明中国品牌产业已经具备向国际市场发展的实力，并且在一定程度上可以比肩国际知名品牌产品。

第三，说明中国品牌产业的综合竞争力已经得到了长足的发展，可以在国际市场上和国际知名品牌产业展开公平竞争。

《华尔街日报》的那篇文章，意味着中国品牌产业吹响了向国际经济市场进军的号角。接下来，会有更多的中国品牌产业产品在国际市场对同类别的国际知名品牌产品构成威胁，会有更过的中国品牌产业在国际市场"登台亮相"。

同样，换一个角度来考虑。中国品牌的产品进入国际市场后，也会受到很多国际知名品牌产品的威胁。中国品牌产业产品要想在国际市场上有所发展，需要正确对待这些威胁，想办法从产品的质量和价格以及高质量的售后服务上让自己经受住考验。

因此，受到威胁是正常现象，问题的关键是要正确理解这些威胁，从思想上接受这种威胁。

1. 中国品牌产业受到国际品牌的威胁，说明中国品牌产业已经进入了国际市场，和全球品牌产业展开了公平、公正的商业竞争。

假如中国企业只在自己区域内"小打小闹"，生产一些价值低廉、质量粗糙的产品，那么中国品牌产业不会受到全球品牌的威胁。

2. 说明中国品牌产业已经具备与国际名牌产业相抗衡的实力。

物理力学理论说明，力是相互的。在经济领域以及商业市场上，品牌之间的威胁同样是相互的。

总之，在对待全球品牌的威胁上，需要换位思考，正确理解，这其实就是商业市场上的公平竞争，说明中国品牌产业历经发展已经开始在国际市场崭露头角。

【本章小结】

在如今这个开放的时代，品牌战略必须融入全球，具有全球眼光。对于品牌发展而言，开放性是一把"双刃剑"，既是机遇也是挑战。开放便于品牌成长和品牌交流，同时也带来激烈的竞争。要从积极的层面来看待开放，品牌成长过程中不要惧怕和担心竞争，强者不畏惧竞争，历经艰难方能成器。品牌交流也需要注意一些问题，不打无准备之仗，要在交流中成长，而不是在交流中沦落。总而言之，品牌的国际交流是品牌成长过程中必须面对的课题。